Devrim ALTAY

Fatih Sultan Mehmet

Ankara 2011

ISBN: 978-605-5465-69-8

YAYIN HAKKI: Her hakkı mahfuzdur. Bu kitabın yayımını gerçekleştiren, Alter Yayıncılık Organizasyon Ticaret Limited Şirketi dışında telif hakları yasası uyarınca, tümü ya da herhangi bir bölümü, yayıncısının veya yazarının yazılı müsadesi alınmadıkça tekrarlanamaz, basılamaz, kopya edilemez. Fotokopi çıkartılamaz ve ya kopya anlamı taşıyacak hiç bir işlem yapılamaz.

YAZAR : Devrim ALTAY
1. BASKI : 1.000 Adet
KİTABIN ADI : Fatih Sultan Mehmet

İSTEME ADRESİ:
Alter Yay. Rek. Org.Tic. Ltd.Şti
1.Cd. Elif Sk. No:7/165
İskitler / ANKARA

www.alteryayincilik.com
alter@alteryayincilik.com

Baskı: İlksan Matbaası İVOGSAN 521. Sk. No: 35
Yenimahalle / ANKARA

Kapak: Ebru ESKİKÖY
Basım Tarihi: Nisan 2011

Birinci Bölüm

Yeterince güçlü olduğunu hissetmiyorsan attığın adımdan geri çekilmeyi bilmelisin

Yıldırım Bayezıt Han; askerleri ve oğullarından Şehzade Musa Çelebi ile gezintiye çıkmıştı. Saraya dönerken attan inip bir taşın üstüne oturdu, gün batıyordu. Diğerleri de peşi sıra mola verdi.

Niğbolu zaferinden sonra Rumeli'de Osmanlı egemenliğini kuran Sultan Anadolu'da da birliği sağlamak istiyordu. Amacına ulaşmak için uzun süredir çalışıyordu. İnancını derin, içten sürdürmekteydi. Bakışlarını ileri çevirdi. Musa Çelebi az ilerde ağacın altına oturmuş Arap tayını uzaktan izliyordu. Çok sevdiği atı elleriyle beslemek için Şehzade ayağa kalktı. Belindeki gümüş hançeri çıkarıp uzun çimlerden biçip ata uzattı. Hayvan sevgisi güzel bir duyguydu.

Şehzade henüz altı yaşındaydı. Ağabeyleri ise ondan büyüktü ve Yıldırım Bayezıt Sultan, diğer oğullarını yanında daha önce birkaç kez sefere götürmüştü.

"Birkaç yıl sonra benimle gelir sefere," dedi içinden küçük oğlu için Yıldırım Beyazıt Han. "Önümüzdeki ay çıkacağım sefere o istese de götüremem, yanımda olmasını isterdim; ama yazık ki henüz çok küçük, bu yaşta kılıç kaldıramaz."

Bu sözlerin ardından epeyi zaman geçti. Çıktığı her seferden başarı ile dönen Bayezıt Han; birkaç yıl içinde Aydın, Menteşe, Karaman ve İsfendiyaroğulları Beyliklerine son verdi. Ortalık çok karışıktı. Canlarının derdine düşen Beyler Yıldırım Beyazıt Han'dan köşe bucak kaçıyorlardı. En sonunda Asya'da kuvvetli bir devlet kurup, batıya yönelen Timur Han'a sığındılar.

Timur Han ise gittiği her yeri yakıp yıkmış toza dumana boğmuştu. Kuvvetleri kentleri, köyleri yakıp yıkarken çok az insan canını kurtarabiliyordu. Erzincan Beyi ve Karakoyunlu Beyi Kara Yusuf Tebriz hükümdarı Ahmed Bey de Timur Han'dan ve ordusundan kaçarak Yıldırım Bayezıt'a sığındı.

Her iki bey ağlayarak, sızlanarak onun önünde eğilip yardım istedi. Anlattıklarını dinledikçe allak bullak olan Sultan hiddetlenip ayağa kalktı. Timur Han'ın yaptığı zalimliklere birinin son vermesi gerekiyordu. Güzel giysiler içindeki Han uzun çizmeleri ile yürüdükçe yer gök sarsılırken sapı sedefli kılıcını çekip bağırdı.

"Anadolu'daki bütünlüğü asla bozamayacak Timur Han. Ordunu darmadağın edip, geri püskürteceğim."

Kundağı da sedefli olan kılıcı yerine sokarken Sultan'ın hiddetli haykırışı zor durumdaki beyleri etkilemişti. Ondan böyle bir şey beklemiyorlardı. Erzincan Beyi ve Kara Yusuf Tebriz Hükümdarı Ahmed Bey Sultan'ın önünde eğilip geri geri yürüyerek kendilerine gösterilen yere oturdular.

Ahmet Bey'in yüzü kararmış, stresten yaşlı adamların boynu gibi kırışmıştı. Derdini anlatmıştı anlatmasına ama kendi kendine konuşur bir hali vardı. Yıldırım Beyazıt Han onların dertlerini çok iyi anlıyordu.

"İnsanın beş düşmanı vardır," dedi yüzlerine bakarak. "O her zaman düşmanlarının arasında kalmış bir garip yolcudur. Düşmanlarını yenmek için ikaza, irşada, terbiyeye ihtiyacı vardır. Terbiyeden uzaklaştıkça insanda bilgi eksilir ve düşman karşısında savunmasız kalır. Eğer insan sahip olduğu bilgiye daha başka bilgiler katarsa pekmez gibi güzelleşir, düşmanlarına karşı da güçlenir."

Yıldırım Bayezıt'ın sözleri her ikisine de iyi gelmişti. Hatta bir ara Ahmet Bey'in gözleri kapanarak düş gördü. Gözünün önündeki insanlar bir yandan konuşuyor, bir yandan da bir şeyler alıyordu, bazıları ise bir şeyler bırakıyordu. Her şey başdöndürücü hızda değişiyordu. Görüntülerin çekiciliğinden kurtulur kurtulmaz Ahmet Bey izin isteyip bahçeye çıkarak yıldızlara kadar dinledi kendini, hep dinledi.

Timur Han'a sığınan Anadolu Beyleri ise fitne fesatla uğraşıyordu. Osmanlı Sultanı hakkında; ona olmadık şeyler söyleyip kötüleyerek, dedikodu kazanını kaynattılar. Ara bozcular da Yıldırım Bayezıt'ı doldurup durdu. En sonunda her iki Müslüman Türk hükümdarlarının arasını açmayı başardılar ve iki taraf kendilerine oynanan oyuna kanarak karşılıklı kendilerine sığınanları kayırdılar.

Timur Han, kendisinden kaçanları geri almakta kararlıydı. Yıldırım Bayezıt'a bir mektup göndererek kendisine sığınanları istedi; ama Yıldırım Bayezıt, Timur Han'ın dileğini kabul etmedi ve savaş kaçınılmaz oldu.

Timur Han, kuvvetli bir ordu ile, Anadolu içlerine doğru harekete geçti. Yıldırım Bayezıt Han ise İstanbul kuşatmasındaydı. Yeni savaş kokusu her yanı sarınca kuşatmasını kaldırarak, kuvvetlerini Bursa'da topladı ve iki koldan yürüyerek Ankara önüne geldi; ancak canı çok sıkkındı. Timur Han'ın Sivas'ı ele geçirerek birçok Anadolu şehrini yakıp, yağmaladığını öğrenmişti.

Yıldırım Bayezıt Han akşam erkenden yattı, ama sabaha karşı ani bir gürültü ile yataktan fırladı, zaten giyinikti; doğruca çadırın önüne çıktı. Askerler bir casusun yakalandığını söyledi.

"Vurun kellesini," dedi Sultan.

Biraz yürüyüş yapmak istedi ve kimseye bir şey söylemeden epeyi yürüdü. Ankara'nın tepeleri çıplaktı, tabak gibi bir açıklığın ortasındaydılar.

Arkadan tozu dumana katan atlılar göründü. Kim olduklarını anlayamadığı için bir koyağa girip küçük bir çalılığa saklandı. Atlılar uzaktan saklanan Sultan'ı görmüştü; fakat kişinin kim olduğunu bilmedikleri için elleriyle koymuşlar gibi çalılığın içinden onu bulup çıkardılar; ancak sonra çok korktular.

"Sultan'ım, sizin olduğunuzu bilmiyorduk, affedin bizi."

"Siz görevinizi yaptınız. İşinizde çok iyi olmanız beni sevindirdi," dedi ve bir askeri atından indirip kendi bindi.

Gerisin geriye atları kırbaçlayarak bölgeden çıktılar. Karargaha gelince atlılar Timur Han ve ordusunu anlattılar.

Yıldırım Bayezıt Han'ın yanında şehzadeler ve vezirler de vardı. O gelişmelerden hiç hoşlanmamıştı. Köpürdü, ağzından köpükler saçarak, kendisini öfkesine kaptırmış veryansın etti. Timur'a çok birikmişti. Vezirlerden biri öne çıkıp Timur'un kendisi için ağza alınmadık söğmelerini anlatır anlatmaz bu bardağı daha çok taşırdı ve birden yumruklarını sıktı. Bir iki kere ayağını yere vurdu, sonra kendi etrafında dönüp dururken Timur'a karşı söğmelerini yağmur gibi indirdi. Vezirlerden Çandarlızade Ali Paşa terlemişti karşısında.

"Tez ordunu topla ve düşmana karşı savunma hattını oluştur," diyerek emir buyurdu Sultan.

Yarım saat içinde vezir ordunun bir kısmını Ankara'da bırakarak Akdağmadeni ve Kadışehri dağlık alanında mevzi aldı. İki ordunun öncü kuvvetleri Sivas ve Tokat bölgelerinde karşılaştılarsa da, Osmanlı Sultanı Sivas ile

Tokat arasındaki geçitleri tuttuğundan, burada karşılaşma yapmayı kendisi için tehlikeli gören Timur Han Kayseri'ye doğru yürüdü.

Bayezıt Han yapacağı saldırının zamanını bekliyordu. Timur Han, ordusunun gidebileceği başka bir güzergah çizerek Kırşehir üzerinden hızla Ankara önlerine geldi. Hatta bir an evvel kaleyi kuşatmak için plan yaptı. Onun tahmininden önce Ankara'ya gelmesi Yıldırım Bayezıt Han'ı şaşırtmıştı. Osmanlı ordusunun merkezindeki Sultan hemen Çandarlızade Ali Paşa'yı geri çağırdı.

Savaş için Osmanlı Ordusu kısa sürede hazır olmuştu. Sultan'ın yanında Şehzade İsa, Mustafa ve Musa Çelebiler yer alıyordu. Yarın tan vakti ile savaşın başlayacağı herkes tarafından biliniyordu.

Sabah namazından sonra Yıldırım Bayezıt askerlerine özlü bir konuşma yaptı. İki ordu, Ankara'nın kuzey doğusundaki Çubuk ovasında 20 Temmuz 1402 tarihinde karşılaşmak için yerlerini aldı.

Daha tan yeri yeni ışımıştı. Karargaha bir ölü getirdi atlılar. Gözleri ölmeden önce şaşkınlıkla açılmış öyle bakıp duruyordu. Çandarlızade Ali Paşa bu ölüyü tanıdı. Öncülük etmesi için ordudan önce salmıştı. Kanlar içinde yatıyor olması içini acıttı. Yeşil sinekleri kovalamak için kolunu sağa sola savurdu. Onların kanın üstünde dolaşıyor olmaları rahatsız etmişti onu. Hoş olmayan, vızıltısız, yeşil, acı, keskin bir bıçak gibi buz gibiydiler.

Bayezıt, Çubuk Ovası'nda, Timur'un ordusunu, atları meraya bırakılmış, askerler kıyıda köşede dinlenmeye çekilmiş, dağınık ve disiplinsiz bir şekilde görünce hemen saldırıya geçilmemesini istedi. Tüm Vezirleri, Paşaları ve Oğulları onu dinlemeyip savaşa giriştiyse de o itiraz etti.

"Tatar Ordusu toplansın, bu halde savaşmak olmaz," dedi.

Timur'un oyununu fark eden Osmanlı Ordusu'ndaki Menteşeoğulları, Germiyanoğulları, Saruhanoğulları Beyleri ve kuvvetleri, ihanet ederek karşı tarafa geçtiler.

Birkaç saat sonra savaş başladı ve fil görmemiş Osmanlı atları ürktü. Osmanlı ordusundaki Kara tatarların aniden Timur tarafına geçip, Rumeli sipahilerinin arkasından ok atmaya başlamaları, Osmanlı'nın saldırı gücünü kırdı.

Daha savaşmadan yaşanılan olumsuluğa rağmen Bayezıt Han bağırdı.

"Savaşın yiğitlerim. Yeneceğiz."

Sesi tok, güvenli, kızgın, yorulmuş, biraz da çaresizdi.

"Şimdiye kadar ki savaşlarımda çok şehit verdim. Yiğitlerimin kanı yerde kaldığından beri hemen hemen her gece ak kefene bürünmüş bedenlerini etrafımda dolanırken görüyorum. Timur seni yeneceğim ve şehitlerimin ruhları rahat edecek."

Bayezıt Han elinde kalan en sadık 10.000 kişilik askeriyle kahramanca savaştı ve Timur-Tatar Ordusu'na müthiş zararlar verdi. Ordusundan kaçanları savaş alanına geri getirebilmek için, merkezinde bulunduğu kuvvetlerin paşalarına seslendi.

"Savaşacağız. Akşama kadar mutlaka mücadele etmeliyiz, sonra hava kararınca geri çekiliriz."

Ama Yıldırım Bayezıt'ın yanındaki yenileceklerini anlayan paşalar savaştan çekilme niyetindeydiler.

"Yeterince güçlü olduğumuzu hissetmiyoruz, bu yüzden attığımız adımdan geri çekilmeyi bilmeliyiz."

Bu sözler Sultan'ı kızdırdı.

"Beni sevenler ardımdan gelsin," diye bağırdı. Gün batarken Osmanlı Sultanı her şeye rağmen yanında kalan üç bin kişi ile Çataltepe'de cenge devam etti. Osmanlı ordusu gerçekten bitap düşmüştü, direnecek gücü yoktu. Yıldırım Bayezıt Han bir gürz darbesiyle atından düşürülüp yakalandığında oğlu Mustafa Çelebi yanındaydı. Babası ile birlikte o da esir olmuştu.

"Ben Sultan Bayezıt'ım. Beni hükümdarınıza götürünüz," dedi onu esir alan askerlere.

Elleri bağlı olarak Timur'un çadırına götürüldü. Bu olayı uzaktan gizlendikleri yerden izleyen Mehmet Çelebi ve Süleyman Çelebi ise savaş alanını taht mücadelesi için terk ettiler.

Timur Han kendisini iyi karşıladı ve tesellide bulundu. Hatta bir Osmanlı padişahına yaraşır şekilde, izzet ve ikramda bulundu.

Ankara Savaşı çağın en büyük meydan savaşı olmuştu. Zaferlerinden dolayı Abbasî halifesi tarafından Sultan-ı İklim-i Rûm ünvanını alan Yıldırım Bayezıt ise Timur'un eline düştükten sonra çok üzgündü. Cengaver, yiğit, korkusuz ve bir zamanlar fırtına gibi esmiş olan kıymetli esirini yani kendisini gittiği her yere birlikte götürmesi içini kahrediyordu.

Timur ve tümenleri Bursa ve İznik'i ele geçirmek için işe koyuldu; ancak her yeri talan edip yakıp yıkıyordu. Timur, Anadolu'yu karış karış gezerken yanından Bayezıt'ı yanından hiç ayırmak istemiyordu. Devamlı olarak yakınında tutma arzusu içinde olduğundan ayrılmasına hiç izin vermedi.

Onbeş gün gibi bir zamanda İzmir'i zapt eden Timur, dönüşünde Osmanlılar'a bağlı bulunan Uluborlu ve Eğridir kalelerini zapt etti.

Yıldırım Eğridir'in işgali esnasında hastalandı. Bunun üzerine Timur, onu Akşehir'e gönderdi. İyileşmesi için elinden gelen her şeyi yaparak tedavisi için de meşhur hekim İzzeddin Mesud Sirazî ile Celaleddin Arabî'yi Akşehir'e çağırdı. Tedavi ile ilgilenen doktorların bütün çabalarına rağmen cesur, izzet-i nefis sahibi, gururlu ve zaferden zafere koşmayı amaç edinmiş bir sultan olan Yıldırım yenilgiyi ve esareti asla kabul edemedi. Keder ve üzüntüden gelen hastalığına doktorlar dahi bir türlü çare bulamıyorlardı.

Çalkalanan Anadolu'ya huzur getirmiş ve siyasî birlik kazandırmış ve bir bayrak altında toplamayı başarmış olan Bayezıt, Ankara yenilgisini hiç unutamıyordu. Anadolu'daki birliğin bozulması hastalığının daha da ilerlemesine vesile oldu.

Hasta yatağının başında onu Timur Han ziyaret etti. Gözlerinin ışığı azalmaya başlayan Yıldırım Bayezıt Han şöyle dedi.

"Misafirlik tuhaf şey!... Buradayım ama buralı değilim. Önüme sofralar kuruyorsun, izzeti ikram gösteriyorsun; ancak hiçbir şey bana ait değil. Aslında padişahlık sorumluluğum olmasa rahatım yerinde sayılırdı. Yaşadıklarım bana dünyanın bir misafirhane olduğunu ve insanın da misafir olduğunu gösterdi."

Timur Han ona gülümsedi; aslında biraz içi açımıştı.

"Çok güzel söyledin. Dünya hayatı sadece bir oyun, macera, eğlence... Tıpkı yağmurun filizlendirdiği bir bitkiye benziyor. İnsanoğlu önce dünyada yeşeriyor, zaman geçtikçe kuruyor, en sonunda da sapsarı çer çöp olup dünyadan göçüyor."

Aradan birkaç hafta geçti. Yıldırım Bayezıt Han 8 Mart 1403 de 43 yaşındayken Akşehir'de gizemli bir şekilde hayata gözlerini yumdu.

Tüm yaşananlarından ardından Ankara Savaşı Anadolu Türk Birliği'ni parçalanmıştı. Bundan yararlanan Anadolu Beylikleri eski topraklarını fazlasıyla ele geçirdiler.

Timur Han ise Osmanlıların yeniden toparlanmalarını engellemek için Yıldırım'ın oğulları arasındaki taht kavgalarını kışkırttı.

Ortalığın karışmasıyla Osmanlı'nın Anadolu hakimiyeti oldukça zayıflamıştı. Eflak Prensliği'nde sık sık ayaklanma oluyordu; ama henüz orada bir toprak kaybı olmamıştı; ancak Timur'un Anadolu'da bıraktığı ortam sayesinde kardeşler arasında taht mücadelesi kıran kırana geçiyordu. Bu mücadeleler Bizans entrikaları ile daha da arttı.

Süleyman Çelebi devlet hazinesini Bursa'dan Edirne'ye getirerek tahta çıktı. İsa Çelebi kardeşinin hamlesine karşılık Bursa'da hakimiyeti ele geçirdi.

Mehmet Çelebi Amasya'da, Musa Çelebi Balıkesir'de hükümdarlık ilan edince Osmanlı'da fetret dönemi başladı. Aradan yıllar geçse de kardeşler birbirleri ile taht kavgasını bir türlü sona erdiremiyorlardı. En sonunda birbirleri ile savaşı göze aldılar. İsa Çelebi giriştiği savaşta öldürülürken Mehmet Çelebi Amasya'da durumunu kuvvetlendirdi. Ancak Rumeli'de Süleyman Çelebi ile Musa Çelebi mücadelesi başladı. Aralarında çetin bir çatışma vardı. Musa Çelebi 1410'da Süleyman Çelebi'yi öldürttü. Böylece geriye kalan iki kardeşten Musa Çelebi Rumeli'de tahta geçip kendi adına para bastırdı. Mehmet Çelebi ise Anadolu'da hükümdar oldu. İlk başta aralarında çok fazla zıtlaşma, kutuplaşma olmamasına rağmen zaman ilerledikçe sorunlar arttı. Musa Çelebi topraklarını genişletmeyi arzuluyordu; ilk önce İstanbul'u kuşattı. Ama çok yorulduğunu düşünüyordu. İnsan kendini dinç hissetmediği zaman geri çekilmeyi bilmeliydi.

1413 yılında Mehmet Çelebi Osmanlı birliğini sağlamak amacıyla onunla mücadeleye girişti ve hemen Bizans'la anlaşarak Rumeli'ye geçti, ancak kardeşi ile yaptığı savaşta yenildi.

Musa Çelebi'nin komutanları Mehmet Çelebi'yi eskiden beri severdi. Başa onun geçmesini istedikleri için safhalarına geçtiler. Musa Çelebi galip yenildiği halde savaşta yakalanarak öldürüldü.

İkinci Bölüm
Karar almadan önce iç sesini dinle

Çelebi Mehmet onbirinci yılın sonunda Osmanlı Devleti'ni tek bayrak altında Edirne'de toplamayı başardı. Orta boylu, nur yüzlü, açık tenli, geniş alınlı, elma yanaklı, gür kaşlı, uzun sakallı, geniş omuzlu olan Sultan hareketli ve cesurdu. Güreş yapar ve çok kuvvetli yay kirişlerini bir çırpıda çekerdi. Sabrı ve iyilikseverliği dilden dile dolaşırdı. Giyinmeyi kuşanmayı çok severdi. Başındaki sarık, altın işlemeli kavuğu ile gayet yakışıklı idi. Kürklü ve yakası dik olan kaftanı ile tahtı dolduruyordu.

Çelebi Mehmet idareyi ele geçirdiğinde devlet çoğu Anadolu'da olmak üzere oldukça toprak kaybetmişti. Ülkeyi güçlendirmek için geleceğe yönelik planları vardı. Karamanoğulları düşmanıydı ve güçlenmesini istemeyerek ortalığı karıştırmak için uğraşıyorlardı. Bursa'da babası Yıldırım'ın kabrini yağmalamaları bardağı taşıran son damla olmuştu ve Edirne'de hükümdarlığını ilan eden Çelebi Mehmet sefer hazırlıklarına girişti.

Anadolu'ya geçerek önce Aydınoğlulları'ndan İzmir'i aldı. Aydınoğlu Cüneyt Bey hükümdarlığını tanıyarak birlik için çalışacağını söyledi. Bunun üzerine Niğbolu Sancak Beyliği'ne tayin etti.

Sultan Mehmet Çelebi, Musa Çelebi tarafından etrafına büyük duvarlar inşa ettirilmiş olan, Edirne Sarayı'nda kalıyordu. Anadolu'da bütünlüğü sağladığı için kendini kutlamaya gelen yabancı elçileri sık sık burada ağırlıyordu. Dış devletlerle arası oldukça iyi sayılırdı. Devletin üst kademelerine kendi görüşüne uygun atamalarda bulunduğu için ülke sınırları içinde çok fazla ayaklanma olmuyordu.

Sadece Şeyhülislam Şeyh Bedrettin arada bir halkı isyana sürükleyecek açıklamalarda bulunuyordu ve ortam gerginleşiyordu. Bunun üzerine Sultan Çelei Mehmet onu şeyhülislamlıktan alıp ailesiyle İznik'e sürdü.

Musa Çelebi tarafından Bizans'dan alınan Selanik ve Konstantinopolis yakınlarındaki bölgeler ise tekrar Bizans'a geri verilerek dış siyaset ilişkilerini pekişirdi.

Aylar geçmişti. 1414 yılı çetin geçeceğe benziyordu. Karamanoğulları rahat durmuyordu. Topraklarına girer girmez Akşehir, Beyşehir, Seydişehir'i aldı.

Çelebi Mehmet çok iyi bir komutandı ve Karamanoğulları artık onu tanımak zorundaydı. Aralarında anlaşma yaparak Çelebi Mehmet Edirne'ye geri döndü.

Anadolu'da bütünlüğü yeniden sağlamak en büyük amacıydı. Karar almadan önce o hep iç sesini dinleyerek konuyu beyninde iyice evirip çevirip adımını öyle atardı. Özgüveni tamdı.

Bir yaz günü sefere çıktı. Candaroğlulları'ndan Samsun, İsfendiyaroğulları'ndan Tosya, Çankırı tarafları ele geçirildi. Böylece Anadolu Türk Birliği'ni kurma yolunda önemli adımlar attı.

Anadolu'daki gelişim Çelebi Mehmet'in ününü artırarak Dünya'da Osmanlı Devleti'nin ikinci kurucusu olarak adlandırıldı. O devletini dünya devleti yapmak istiyordu. Bunun için denizlere hakim olması gerektiğini düşünüyordu. Gelibolu'da Osmanlı Donanması'nı kurdurdu; ancak babası döneminde güçlenmeye başlayan Osmanlı Deniz Donanması Akdeniz'in en güçlü donanmasına sahip Venediklilerle mücalede edebilecek güçten yoksundu. Venedik Donanması'na bağlı gemilerin Osmanlı ticaret gemilerine düşmanca tavır takınması Çelebi Mehmet'i çileden çıkardı.

Yaşanılanlara sessiz kalmak yerine içine atlayıp mücadele etmek istedi; ancak iç sesi ona çok acele davrandığını söylüyordu. Olaylar durulduğu zaman donanmasını daha güçlü kılmak için çalışmaya kendi kendine söz vererek Çalı Bey komutasındaki 30 gemiden oluşan Osmanlı Donanması'nın Akdeniz'e açılmasını emir verdi.

Çalı Bey komutasındaki ufak donanma 1416 yılının ilkbaharında Ege Denizi'nde Osmanlı ticaret gemilerine devamlı hücum eden Hıristiyan Naksos Dükü komutasındaki donanmaya karşı savaşa hazırdı.

Bahar günü sabahı Osmanlı Donanması ile Venedik Donanması Çanakkale önünde karşı karşıya geldi, böylece ilk deniz savaşı başladı; ama kısa sürede Venedik Donanması yeni Osmanlı Donanması'nın bütün gemilerini tahrip ederek Çalı Bey ve tüm gemi kaptanlarını öldürdü.

Venedik Donanması'nın üstünlüğü devam ederken denizde büyük bir fırtına koptu, hava koşulları nedeniyle Osmanlı ve Venedik Devleti arasındaki görüşmeler hızlanarak ilk kez Osmanlı'da deniz savaşı sonrası barış antlaşması yapıldı.

Aradan aylar geçti. Anadolu'da yer yer ayaklanmalar oluyordu; ancak kısa sürede bastırılıyordu. Şeyh Bedrettin 1418'de Candar'a geldi. Mehmet Çelebi'ye karşı güçlenmek istiyordu; ama burada fikirleri ile tutunamayarak Sinop-Kırım-Eflak üzerinden Deliorman'a gitti. Eflak Prensi Mihail'in para ve asker desteğini sağlayarak kendi radikal doktrinlerine inanan Yörükler'den bir ordu topladı ve isyan bayrağını açarak Osmanlı topraklarına girdi. Mehmet Çelebi durumdan son derece rahatsızdı. Veziri azam Amasyalı Beyazıd Paşa'yı Şeyh Bedrettin'in üzerine gönderdi. İsyancılar kuvvetli değildi. Bu yüzden çok direniş gösteremedi. Şeyh Bedrettin ele geçirilerek Serez'de yapılan bir yargılama sonucunda idam edildi.

Sorunlar hiç bitmiyordu. Ankara Savaşı sonunda kaybolmuş olan kardeşi Mustafa Çelebi onsekiz yıl sonra ortaya çıktı. Sultan Mehmet Çelebi hemen Trakya'ya geçerek Mustafa üzerine yürüdü. Mustafa'nın ordusu darmadağın oldu ve Şehzade entrikalar çeviren Bizanslılara sığındı. Sultan Mehmet Çelebi, kardeşini bozguna uğrattığı için mutluydu. Olaylar yatışınca saraya çekildi.

Aradan epeyi zaman geçti. Sultan av sporunu çok seviyordu. 26 Mayıs 1421 Edirne'de atına atlayarak ava çıktı. Güzel bir yaz günüydü. Karşı kayalığın üstünde bir kertenkele gördü, heyecanlanmıştı.

"Bak bak şu kertenkeleye," dedi yanındaki Vezir-i azama. "Hele hele gözlerine bak, düşmanlarımın kara gözlerine ne kadar da benziyor kertenkelenin gözleri. Bak bak çenesini dua eder gibi kaldırıp aşağı indiriyor. Sanki benden af diliyor. Sen de fark ediyor musun? Kayalıktan neler söylüyorum diye de bana bakmayı ihmal etmiyor."

"Fark ettim," dedi Vezir-i azam.

Padişah uzun süre konuştu, yağmur gibi yağıyordu sözleri. Dakikalar sonra kulağında gaipten gelen bir ses duydu.

"Amaca giden yolda çıplak ayak yürürken büyük veya küçük taşlar tabanımıza batar. Her zaman engel vardır; ama önemli olan bizim onlara verdiğimiz tepkilerdir."

Sultan bu sesin nereden geldiğini anlamaya çalışırken kertenkele gözden kayboldu. Yaşadığı şeyi çözemediği için at üstünde uyur gezer gibi olmuştu. Gözlerinde savaş sahneleri belirdi. Kardeşleri karşısındaydı. Kaçmak istedi onlardan; ancak yapamadı. Kendini yitirip gitmişti. Kardeşleri konuştukça konuşuyordu. Karma karışık bir söz kalabalığının içinde ağır aksak zor sürdü atını. At ilerledikçe sarsak

sarsak kendinden geçmiş dolanıp durdu Sultan. Atı iyi dizginleyemiyordu. Ayağı takılan at tökezleyince Sultan attan düşüp yaralandı. Omur iliği zedelenerek felç olduğu için yatağa bağlandı. Yataktan hiç çıkamıyordu. Bir gün yanına eşini çağırdı.

"Çok şeyler gördüm. İnsanın başına her ne geliyorsa dilinden geliyor. Düşüncelerimizi, duyduklarımızı süzgeçten geçirmeden bir başkasına aktarıyoruz. Yunus Emre; çok söz, hamal yüküdür demiş bir şiirinde. Çok doğru demiş değil mi?"

"Evet, efendim."

"Söylediğimiz her söz her an karşımıza çıkabiliyor. Konuştuğuma Sultan olduğum halde çok defa pişman olmuşumdur; fakat sustuğuma hiç pişman olmadım."

Eşi ellerini tuttu.

"Kendi kusurlarını görmeyen başkalarınkini gözünde büyütür Sultan'ım," dedi. "Konuşarak kendinizi yormayın."

Ölüm döşeğinde Vezir-i azam Amasyalı Beyazıd Paşa ve vezirleri İvaz Paşa ve Çandarlı İbrahim Paşa'yı çağırdı.

"Tez oğlum Murat'ı yanıma getirin. Bir daha kolay kolay kalkamam. Murat gelmeden ölürsem ortalık dedikodu ile kaynar. Ben öldükten sonra oğlum saraya gelirse ölümümü o gelene kadar gizleyin. O padişah olsun."

Vasiyetinde bulunduktan sonra Sultan Mehmet Çelebi öldü. Amasya'da sancak beyi olan Şehzade Murat'ın Bursa'ya ulaşmasına kadar ölüm haberi gizlendi. Sultan Murat'ın tahta çıkmasından sonra da Sultan Mehmet Çelebi'nin cenazesi Edirne'den Bursa'ya götürülerek Yeşil Türbe'ye defnedildi.

Sultan Murat tahta çıkar çıkmaz saltanat mücadelesi ile karşılaştı. Amcası Mustafa Çelebi Karamanoğulları'ndan yardım, Bizans'ın da desteğini alarak Rumeli'ye geçer geçmez Gelibolu Kalesi'ni kuşattı. Rumeli'deki Beyler Mustafa Çelebi'yi tutuyordu. Sultan Murat üzerine Vezir-i azam Beyazıt Paşa'yı gönderdi; ama amcası Osmanlı kuvvetlerini yenerek Edirne'ye girip hükümdarlığını ilan etti. İki gün sonra Rumeli'yi de ele geçiren gözünü hırs bürümüş Mustafa Çelebi Anadolu'ya yöneldi.

Amca yeğen arasında tahtı ele geçirme isyanları epeyi zaman sürdü. İkinci yılın sonunda Sultan Murat'ın komutanlarından Mihailoğlu, Rumeli Beyleri ile görüştü ve Mustafa Çelebi'nin şehzade olmadığı yalanını söyledi. Kısa sürede Rumeli Beyleri ikna edilerek Sultan Murat'ın tarafına geçtiler. Telaşa düşen Mustafa Çelebi kaçtıysa da yakalanıp öldürüldü.

Bu mücadeleden Sultan Murat galip çıkarak Edirne'deki tahta oturdu. Yapacağı işler arasında Mustafa Çelebi'ye yardım eden Bizans'ı cezalandırmak vardı. 1422 yılında otuz bin kişilik bir kuvvetle İstanbul'u kuşattı. Büyük toplar olmadığı için surları aşamıyordu; ancak Bizans için ciddi bir tehdit oluşturmuştu. Kuşatmada ilk olarak donanmayı kullandı ve Bizans bayağı sıkıştı. Zor durumda kalan Bizans hemen entrikalarına başlayarak Sultan Murat'ın küçük kardeşi şehzade Mustafa'yı tahta çıkması için kışkırttı.

Şehzade, Bizans'ın oyununa gelerek büyük bir isyan çıkardı, olayı yatıştırmak isteyen Sultan Murat kuşatmayı kaldırmak zorunda kaldı. Kısa sürede asayiş sağlandı ve Sultan'ın onüç yaşındaki Hamiteli Sancak Beyi olan kardeşi Şehzade Mustafa korkarak Karamanoğulları'na sığındı.

Diğer Anadolu Beylikleri de şehzadeye yardım ettiler. Bizans da onu korumak için tekrar devreye girdi. Şehzade aldığı yardımlarla Bursa'yı kuşatıp İznik'i ele geçirdi.

Sultan Murat çok öfkeliydi. Osmanlı devletini idare etmenin çok kolay olmadığını biliyordu. Ona göre taht iyi bir öğretmene benziyordu. Karşısına engeller çıkarıyordu sanki bunları tek tek aşıp tahta oturmayı hak etmek için.

Sultan, Gelibolu yoluyla Anadolu'ya geçerek Bursa'daki kuşatmayı kaldırdı. Kardeşinin taht için bir daha bütünlüğü bozmasını arzulamıyordu. İznik'e gelerek kardeşini yakalatıp boğdurdu.

Anadolu Beylikleri Sultan Murat'ın saltanat mücadelesinden galip çıkmasından hoşnut değildi; kendilerine saldıracağından ürküyorlardı ve korktukları da başlarına geldi.

Sultan Murat, Şehzade Mustafa olayını hallettikten sonra beyliklerin üzerine yürüdü. Candaroğulları ikiye ayrılmıştı. Birbirleri üzerinde hakimiyet kuramadıkları için zayıflamışlardı. Sultan Murat'ın üzerlerine gelmesiyle Osmanlı egemenliğini tanıdılar. Hatta beyliğin hanedanından Kastamonu'da yaşayan İsfendiyar Bey'in kızı Hüma Hatun ile 1424 yılında evlendi. Hüma Hatun Kastamonu'nun Devrekani ilçesinin Çayırcık mahallesinde doğmuştu ve güzelliği ile çevresinde nam salmıştı.

Sultan Murat, Anadolu'da bütünlüğü sağlamayı amaç edinmişti. 1425 yılının ortalarına doğru Menteşeoğulları'ndan Muğla'yı alarak beyliğin hakimiyetine son verdi. Ertesi yıl da Aydınoğulları'nı yeniden kurmak isteyen Cüneyd Bey'in üzerine gitti. Amcasının taht olayında tüm Rumeli Beylerini etrafında topladığı için ona öfkeliydi. Salihli'de yakalanır yakalanmaz idam ettirdi.

Sıra Rumeli'ye gelmişti; Makedonya, Selanik, Teselya çok zorluk çekilmeden alındı. Arnavutluk kuşatmada çok fazla direnemedi ve Osmanlı'nın himayesine girdi.

Anadolu'da kısa bir süre önce Beylikler bir zayıf anında taraf değiştirmişlerdi. İdam ettirdiği Cüneyd Bey'i düşündü. Aslında onu cezalandıran yaptıklarıydı. Ölmeden önce Bey, kendisini karşında görünce af dilemişti; ama son anda kendini değiştirmiş olması eylemlerini değiştirmek için geç olmuştu. Yaptıkları onu ensesinden yakalamıştı.

Eflak seferini Sultan II. Murat iple çekiyordu. 1426 da Eflak'a girdi. Macar ve Eflak kuvvetleri mağlup oldu. Osmanlı Devleti'nin hakimiyetini tanıyan Beylikler de çaresizlik içindeydiler ve imtiyazlı yönetime razı olmak zorunda kaldılar. İç işlerinde serbest olurken yöneticilerini Sultan II.Murat Osmanlı soyluları arasından atadı ve yıllık belli bir vergiye bağladı.

1427 yılında Sırp Kralı Lazar da Osmanlı hakimiyetini tanıdı; ama kralın ölümüyle yerine geçen yeni kral Osmanlıları kabul etmedi. Kısa sürede Osmanlı Macar mücadelesi hızlandı. Türkler Sırbistan'a girerken Macarlar Belgrad'ı işgal etti. Macarların bozguna uğraması üzerine Sırp Kralı Bırankoviç Türk hakimiyetini en sonunda kabul etti. Eflak Prensi de Türk üstünlüğünü tanıdı. 1428 de barış yapılmasına rağmen Macarlar rahat durmayarak etrafta kargaşalık yarattılar. Macarlar yeni müttefikler ararken Osmanlı Macaristan içlerine kadar girdi. Fakat Belgrad alınamadı. Kuşatmanın başarısız olması Macarları cesaretlendirdi.

Zaman su gibi akıyordu. Birkaç yıl geçti. Osmanlı aleyhine Bizans ve Avrupa'daki devletler ittifak çalışmalarını aralıksız sürdürüyorlardı. Eflak Beyi de bu çalışmaya katılarak Osmanlı kuvvetlerini pusuya düşürdü. Yirmi bin Türk asker şehit edildi.

Bir anda ortalık karışmıştı. Anadolu'daki ve Rumeli'deki Beyler de cesaret bularak Osmanlı'dan ayrıldı. Avrupa Devletleri bu durum karşısında daha çok cesaretlendi ve Osmanlı'ya karşı Karamanoğulları'nın da bulunduğu büyük bir ittifak kurdular.

İttifakta Sırp, Erdel, Eflak, Macar kuvvetleri de bulunuyordu. Niş yakınlarında ittifak kuvvetleri ile Osmanlı kuvvetleri karşılaştı; ancak Osmanlı çok şehit vererek geri çekildi. Haçlı birlikleri bu durumu değerlendirmekte fazla gecikmedi ve Filibe'ye kadar geldiler; ama soğukların artması ile daha fazla ilerleyemeden geri çekilmek mecburiyetinde kaldılar.

Soğuklar artık son günlerini yaşıyordu. 29 Mart 1432 pazar günü şafak vakti, Osmanlı Devleti'nin başkenti olan Edirne'de Sultan II. Murat'ın üçüncü oğlu Şehzade II.Mehmet doğdu.

Bir gün saraya Hacı Bayram Veli Hazretleri geldi. Sultan ona verdiği yemekte sıkıntılarını anlatıp akıl tanıştı.

"Çok düşmanım var. Ben iyilik kazansın istiyorum; ama entrikalar arasında boğuluyorum," dedi Sultan Murat.

"Canını sıkma," dedi Hacı Bayram Veli. "Çiftçi tarlasını eker, beklediği şey mahsuldur. İnsan da çiftçiye benzer. İyilik ve kötülük onun ekini, sonuç ise hasadıdır. Ne bir eksik ne bir fazla. Elde edilen hasat ebedi hayat için dönüm noktasıdır."

"Dostum dediğim kişilerden ortalık karıştıkça kazık yedim."

"Onlar senin dostun değilmiş. Dost kara gün içindir. Ayarı bozuk olan pazarcının tartısına güven olur mu hiç?"

"Peki ben nerede yanlış yapıyorum?"

"İnsan dengede değilse sık sık yanlış yapar. Sen neyi yapıp neyi yapamayacağına karar veremiyorsun. Yükselmek istediğinde hep yukarı bakıyorsun, halbuki ben aşağı bakıp tehlikeleri kollayıp ayağımı yere sağlam basarım."

Sohbet uzun sürmüştü. Sultan II. Murat aklını meşgul eden bir başka soruyu sordu.

"İstanbul'u kuşatıp almak istiyorum. Sizce başarılı olma olasılığım yüksek midir?"

"Sen yaşarken İstanbul'u Osmanlı topraklarında göremeyeceksin; ancak beşikte yatan şehzade bunu görecek. Çünkü o bir Fatih olacak."

"Fatih mi olacak?"

"Evet. Ona iyi bak. Aile ocağı bereketli bir yerdir. Ne ekerseniz onu biçersiniz. Ne kadar çok verirsen o kadar çok alırsın. Kadın erkek evliliklerinde birbirlerinin kölesi imiş gibi görünseler de aslında birbirlerinin sultanıdır. Mükemmel eş arayan değil, mükemmel eş olmak için çabalayanlar mutlu evliliğin temelini atar."

Gece yatarken Sultan Murat, eşi Hüma Hatun'a yemekteki konuşmaları anlattı. Oğlunun fatih olacağını duymak kadıncağızı çok mutlu etti. Hüma Hatun zaten her zaman çocuklarıyla ilgilenirken Sultan Murat ise, seferden sefere gittiği için gereken alakayı çocuklarına gösteremiyordu.

Üçüncü Bölüm
Kendi kusurlarını görmeyen başkalarınkini gözünde büyütür

Mehmet iki yaşındaydı. Hüma Hatun üzerine çok titriyordu. Tahsil ve terbiyesi için devrin hocaları ile görüşüp nasıl bir yol izlemeleri gerektiğini görüştü. 1434 senesinin güzel bir yaz günü Mehmet sütninesi ve küçük ağabeyi Ali ile birlikte 14 yaşındaki büyük ağabeyi Ahmet'in sancakbeyi olduğu Amasya'ya gönderildi.

Sancak atamaları nüfuzlu ve tecrübeli bir paşa nezaretinde olduğu için çocuk yaştaki sancak beyleri çok zorlanmazdı.

Hüma Hatun çocuklarını sık sık ziyarete geldi. Şehzade Ali ve Şehzade Ahmet, hocalar denetimindeydi. Mehmet ise henüz çok küçüktü ve annesi ilk fikir eğitimcisi oldu. Küçük oğlunun da eğitiminin en üstün düzeyde olmasını arzuluyordu.

Küçük yaşta tahsiline ve yetişmesine çok önem verilen Şehzade Mehmet'in ilk hocası Molla Yegani oldu.

Mehmet, diğer şehzadeler gibi başında kocaman sarıklarla geziyordu; sarığı çok değerli mücevherli sorguçlarla süslenmişti.

Osmanlı'da baş giyim çok önemliydi. Ev içinde ve dışında hiç kimse başı açık gezemezdi. Hatta affedilmeyen bir hata olduğu için başı açık gezene ceza verilirdi.

Hüma Hatun küçük oğlu okul çağına gelince Hoca Akşemsettin ile görüştü.

"Oğlum Molla Yegani'den ders alıyor. Sizin de oğlumun eğitimiyle ilgilenmenizi isterim Hocam," dedi Hüma Hatun.

Akşemsettin Hoca gereken ilgi ve alakayı göstererek Mehmet'e özel ders verdi.

Bir gün Hoca, Şehzade Mehmet ile bahçede sabahın erken saatlerinde dolaşıyordu. On dakika sonra çardaktaki masaya oturdular. Tahta masanın ortasında meyve tabağı vardı. O sırada yere bir elma düştü. Hoca Akşemsettin onu yerden alarak temizleyip yedi.

"Neden masadaki temiz elmayı yemediniz?" diye Şehzade Mehmet sordu.

"Düşen şeyi yerden alıp temizleyerek yersen bol kazacın olur."

Şehzade Mehmet hocanın sözlerini düşünürken bir horoz dört sefer öttü, bir köpek de çıldırmış gibi durmadan uludu. Mehmet'in tüyleri köpeğin ulumasından diken diken olmuştu. O çok küçük olduğu için iri köpeklerden çekinirdi. Hatta en küçük kıpırtısını görecek olsa çok korkardı. Hoca bunu fark eder etmez konuştu.

"Eyaletlerin başında beylerbeyi bulunur ve yaşadığı sancak, Paşa Sancağı adıyla anılır. Sen de biraz büyüdüğünde Beylerbeyi, daha da büyüdüğünde Padişah olacaksın. Her türlü korkuyu üzerinden atmalısın. Büyümek için iyi dostluklara, iyi arkadaşlıklara ihtiyacın var. Karşına gelen her insan sana farklı farklı tepkiler verecektir. Bunları mutlaka değerlendirmelisin."

"Başarılı olmak için ne yapmalıyım?"

"Ben sana çok şey öğretiyorum; ama öğrendiklerini uygulayıp eyleme dökmüyorsan başarısız olursun. Anlayacağın başarı için sadece bilmek yetmiyor. Hislerinle sana gelen tepkileri yakalamayı öğrenmelisin; çünkü başarını karşılaştığın insanlarla ölçeceksin."

Epey zaman geçti. Ağabeyi Ahmet'in erken yaşta ölmesi üzerine Mehmet altı yaşında Rum Sancakbeyi oldu. Diğer ağabeyi Ali ise Manisa'da Saruhan Sancakbeyi'ydi. İki yıl sonra babaları Sultan II. Murat'ın talimatıyla iki kardeş yer değiştirdiler ve Mehmet, Saruhan Sancakbeyi oldu.

Sultan Murat küçük oğlunun Manisa'da devlet idaresini ve ülkenin toplum yapısını iyice öğrenmesini istiyordu.

Osmanlı Devleti'nde yönetime katılmayan, geçimini tarım ve sanayi alanında çalışarak üreten ve ticaretle uğraşarak elde etmek yoluyla sağlayan ve kazandığının bir kısmını devlete vergi veren halka reaya deniliyordu.

Reaya çeşitli din, dil ve ırklara mensup topluluklardan oluşabiliyordu. Osmanlı Devleti'nde aynı din ve mezhepten gelen topluluklar bir millet sayılıyordu. Müslümanlardan başka Osmanlı topraklarında başka milletler de vardı ve hepsi pek çok imkanlara sahipti. Etnik gruplar bir yerden bir yere göç edebiliyordu. Buna yatay hareketlilik deniliyordu ve yatay hareketlilik fethedilen yerlere doğru yerleşme şeklinde görülüyordu.

Sultan Murat küçük oğlunun toplumun devlet yapısını öğrenmesi için ülkenin dört bir yanından bilgili hocalar getirtti.

Bir gün hocası Molla Gürani, ona yeni fethedilen yerlerde Türk nüfusunu artırmak için yatay hareketliliği teşvik edici uygulamaları anlattı.

"Bataklık ya da ıssız yerlerde ekonomik hayatı canlandırarak insanların yeni yerlere yerleşmesini özendirmek, bir takım vergi kolaylıkları sağlanmak fethin sonuçlarını başarılı kılar."

"Sadece yatay hareketlilik mi var?" diye sordu Şehzade Mehmet.

"Osmanlı'da pek çok statü var. Bir sınıftan başka bir sınıfa geçerek daha yüksek mevkilere gelmeye dikey hareketlilik denir. Osmanlı Devleti'nde kan bağına dayanan sınıfsal bir yapı yoktur. Bu yüzden devlet idaresinde dikey hareketlilik yoğun bir şekilde görülür."

Ders çıkışında Şehzade'ye annesinden mektup geldi, yakında geleceğini söylüyordu. Hüma Hatun küçük oğlundan uzak olsa da disiplini elden bırakmak istemediği için sık sık ziyaretine gelirdi. Oğlunun cesaretli ve fetih ruhuyla yetişmesini istiyordu. Mehmet'in çok hareketli ele avuca sığmayan bir çocuk olduğunu da hiç bir zaman unutmuyordu.

Kadıncağız Manisa'ya Daye Hatun, Kethüda Hatun ve hanedandan olan diğer kadınlarla Pazar günü geldi.

Hüma Hatun bir haseki sultandı. Bugün başına basık fes, alttan üstü geniş honoz giymişti. Saraylı kadınların statüleri baş giyimlerine taktıkları mücevherlerle belirlenirdi. Hüma Hatun'un başlığında da çok değerli mücevher vardı. Saraya girdiğinde onu Şehzade Mehmet karşıladı. Annesinin yanında hanedandan olan kendisiyle yaşıt bir kız çocuğu vardı. Adı Ayşe'ydi. Onu daha önce hiç görmemişti. Kızın başlığını, statüsüne göre süsleyen mücevherler göz kamaştırıyordu. Annesi ile hasret giderdikten sonra Şehzade Mehmet Ayşe'yi bahçede gezdirdi.

Aradan bir hafta geçti. Mehmet'in eğitimi için annesi çeşitli hocaları görevlendirdi. Oğlu zeki olduğu kadar hırçındı, eğitilmesinin pek kolay olmayacağını düşündüğü için heybetli ve otoriter bir alim olan Molla Gürani'yi sancağa çağırdı.

Hüma Hatun oğlunun iyi yetişmesini arzuluyordu. Onda lider ışığı gördüğü için ilerde kocasının yerine geçmesini arzuluyordu. Gürani'ye uzun, ince bir değnek verdi.

"Mehmet itaatsizlik ederse rahatlıkla bunu kullanabilirsiniz."

Bir ders günü Gürani, Mehmet'in dersleri dikkate almadığını fark edince göz dağı vererek dayak atabileceğini belirtti.

Mehmet hocasına gözlerini kısarak baktı. Hiçbir korkusu yoktu.

"Sana bir ödev vereceğim. Zamanında yaparsan beni zor kullanmaya teşvik etmezsin."

Şehzade Mehmet bu sözlere dudak büktü. Molla Gürani de dersin içinde Şehzade'yi azarladı. İçi çok acıyan Şehzade annesine şikayet etti.

"Hocam bana bağırdı anne!"

Genç kadın şaşırmıştı; ama bunu belli etmemeye çalışarak teselli etti.

"Hocaların vurduğu yerde gül biter Şehzade'm."

Bu söz Şehzade'nin içini daha çok acıttı. Halbuki Hüma Hatun hocanın otoritesini kırmamaya çalışıyordu. Oğlunun fatih olacağını yüreğinin derinliklerinde hisseden kadıncağız şefkat ve otorite dengeleri ile onu yetiştirmekten asla vazgeçmiyordu.

Onlar konuşurken yanlarına Daye Hatun (süt annesi) ile haremin üst yöneticilerinden olan Kethüda Hatun geldi. Akşam için hazırlanacak ziyafeti görüşmek istiyorlardı; Hüma Hatun bir açıklamada bulundu.

"Birazdan görüşelim. Şimdi oğlumla ilgileniyorum."

Kadınlar gittikten sonra Şehzade Mehmet Kethüda Hatun ile ilgili konuştu.

"O çok otoriter görünüyor? Neden böyle?"

"O haremdeki cariyelerle tek tek ilgilendiği için biraz sert olmak zorunda."

"Cariyeler köle mi oluyor?"

"Evet."

Şehzade Mehmet çok meraklıydı. Her şeyi birdenbire öğrenmek istiyordu.

"İlk kölelik bizde mi başlamış?"

"Hayır. Kölelik sistemi dünyada çok yaygındır."

"Peki bu sistemin amacı nedir?"

"Amaç çocuk yaşta saraya gelerek özel olarak yetiştirilen kesimden padişaha çok güçlü şekilde bağlı olan bir zümre yetiştirmektir. Hareme alınan kızların aileleri olmadığı için padişaha karşı gelmelerini sağlayacak her hangi bir siyasi güçleri yoktur. Haremde bizim din, dil, örf ve adetlerimizi öğrenirler. Anlayacağın küçük yaşta saraya cariye olarak gelenler için yepyeni bir hayat başlıyor."

"Küçük kızlar saraya gelir gelmez İslam'ın şartlarını da mı öğreniyorlar?"

"Elbette. Hatta güzelliğe ve cazibeye sahip olanlara okuma yazma dahi öğretiliyor."

"Hareme alınan kızların kimlikleri pek fazla önemli değil o zaman?"

"Evet."

Şehzade Mehmet annesi ile görüşmesi biter bitmez dışarı çıktı. Batı Anadolu'da Spil Dağı ile Gediz Nehri arasında yer alan Manisa, Ege Bölgesi'nde ulaşım bakımından çok önemli bir konuma sahipti. Tarihi M.Ö. 3000 yıllarına inen kentte Hitit, Frig, Lidya, Makedon, Roma, Bizans, Beyliklere ait izler vardı. Şehzade Mehmet kentin dokusunu gezerken mimari açıdan bir takım yenilikler yapmayı planladı. Hatta kentin geçmişini düşündükçe yapacakları için sabırsızlandı.

Manisa'da daha önce sancak beyliği yapan ilk şehzadeler babasının amcalarıydı. Şehrin şehzadeler diyarı oluşu ise Sultan Murat döneminde gelişmişti. Babası şehzadeleri Manisa'ya Osmanlı hakimiyetine geçeli kentin çok olmadığı için devlet otoritesini yerleştirmek için tayin etmişti. Kendisinden önce de abisi burada sancak beyiydi.

Ayrıca Sultan Murat oğlu Mehmet'i geleceğin sultanı olarak gördüğü için saltanat eğitimin verildiği bu şehirde yaşamasını istiyordu.

Şimdiye kadar şehzadelerin sancağa tayinleri, padişah olarak buradan başkente gidişleri kentin ikinci başkent olarak tanınmasını sağlamıştı. Bu yüzden kentin imar işlerine bir an evvel el atmayı Şehzade Mehmet düşünüyordu.

Bir hafta sonra Şehzade Mehmet kısa bir süreliğine annesi ile Edirne'ye gitti. Doğduğu kenti çok özlemişti. Sarayda dinlendikten sonra avluya çıktı. Hava çok güzeldi. Yanına birkaç asker alıp atına bindi. Edirne'yi dolaşmak istiyordu.

Epeyi at sürdü. Kent çok güzeldi. Buranın önemli yapı türlerinden biri köprülerdi. Üzerine türküler yakılan taş köprülerin çoğu Tunca nehri üzerindeydi. Kentteki taş köprülerin hepsi mekansal ve anıtsal anlayışa sahipti ve coğrafya ile uyumlanmıştı. Ayrıca geometrik olduğu için kente düzenlilik veriyordu. Köprülerin her biri iki başıyla sokaklara bağlanıyordu.

Şehzade Mehmet ve askerleri etrafı turladıktan sonra sokak üzerinde bir sıra dükkanı bulunan ve klasik osmanlı mimarisini yansıtan kervansaraya girdiler. Dikdörtgen avlunun çevresinde oniki revaklı odalar vardı. Her birinde de bir sanatkar, emeği ile sanatını icra ediyordu.

Gezi sonrası saraya geldi. Askerlik eğitimi veren Rum asıllı devşirme Osmanlı paşası Zağanos Paşa ve kendisinden birkaç yaş küçük olan kızı Kornelya ile karşılaştı. Epeyidir onları görmediği için özlemişti. Şehzade, Zağanos Paşa ile konuşurken Kornelya ağaçların altına doğru gitti.

Bir ay sonra ablası ile evlenecek olan Paşa'ya Şehzade Mehmet sordu.

"Biraz bana kılıç çekme talimi yaptırır mısınız?"

"Elbette," dedi güleryüzlü adam, sonra kızına seslendi.

"Biz biraz çalışacağız. Sen ortalıktan kaybolma."

"Kaybolmam baba."

Avluya geçip kılıçlarını kuşandılar. Beş dakika içinde ders başladı.

"Savaşırken duyularına dikkat et. İnsanın kendi duyguları çok önemlidir; karşı tarafın hamlelerini sana önceden hissettirir."

"Gerçek mi?"

"Evet, duyularımız her şeyi yapabilir. Eğer dikkati elden bırakmazsan hiç fazla düşünmeden her türlü tehlikeyi rahatlıkla alt edebilirsin. Bunun için sabıra ihtiyacın var, sabrı sakın elden bırakma. Sabır savaşçının yapmaya hakkı olduğunu bildiği şeye karşı tüm gücüyle vurmasıdır."

"Pek anlayamadım ne demek istediğinizi!"

"Bir savaşçı herhangi birisine karşı düzen hazırlamaz, eski hesapların peşine düşmez. Sabır her şeyden bağımsız çalışır. Savaşçı düzen, denetim, hız ve disipline zamanını iyi kullanarak ulaşmışsa sabır kim neyi hak ediyorsa onu bulmasını sağlar."

"Haksızlık yapan savaşçı haklı olan bir savaşçıyı yenebilir mi?"

"Elbette yenebilir. Haksız tarafından yenilmek ölümcül değil, sadece ezicidir. Yeterince denetim ve disiplini sağlayamayan savaşçı kendi başarısızlık ve değersizlik duygularına yenik düştüğü için yenilir. Gerçi bu bile bana yeterince ölümcül geliyor; ama belli bir zaman geçtikten sonra mutlaka adalet yerini bulur."

"Peki senin yenilgi anlayışın nedir?"

"Haksızla aynı duruma düştün mü yenilmişsindir. Bana göre öfkeyle, denetimsiz, disiplinsiz sabrı koruyamadan davranmak yenilmektir."

"Haklı olan savaşçı bu yenilgiden sonra toplanmak için ne yapmalıdır?"

"Toplamak istiyorsa özgüvenini sağlamalı, eğer bunu yapamıyorsa bilginin peşinden gitmeyip haksızların ordusuna da katılabilir."

Şehzade Mehmet'in aklı karışmıştı.

"Ben başarılı bir sultan, başarılı bir komutan olmak istiyorum. İyi bir savaşçı ne yapar?"

"Başarılı bir savaşçı düşmanının zayıf bir anını kollar. Sen de padişah olduğunda düşmanlarını hazırlıksız yakalamalısın. Beklenmedik şeyler hep böyle gelişir. Savaşta haksız olan düşmanın boş bir anında dalga geçip küçük düşürmek, kendini toplama şansı vermeden saldırmak her zaman işe yarar. Şimdi sultan olmadığın halde pek çok düşmanın var. Düşmanların babandan sonra senin tahta geçmeni istemeyeceklerdir. Bu yüzden babanın korumasını her zaman arkana al. Tahta çıkmak isteyen diğer şehzadelere karşı güçlü olmalısın. Padişahın yüksek gücünün ardına saklanıp rakiplerini rahatsız kılmayı amaçlamalısın."

Zağanos Paşa birden o kadar çok şey anlatmıştı ki Şehzade bir türlü öğrendiklerini aklında toparlıyamıyordu. Orta yaşlı adam ise açıklamalarına devam etti.

"Hocalarının ilim için senden istediği her şeyi yerine getirmelisin. Güçlü ol, savaşırken gururun ve korkun umrunda olmasın! Kusursuz bir savaşçı olmayı amaç edinmelisin. Düşman seni ayaklarının altında çiğnemeye hazırlanırken sen onun ruhuna ince bir ayar geçmelisin. Özgüvenini koruyup denetimi ele geçirirsen savaştan galip çıkarsın."

"Sefere yaşım ilerlediğinde çıktığımda mutlaka tehlikelerle karşılacağım. Böyle durumlarda ne önerirsiniz?"

"Savaşta karşılaşacağın tehlikeleri düşünmek yerine ivedilikle düşmanın güçlü noktalarını, zayıflıklarını, davranış aksaklıklarını saptaman gerekir. Düşmanda acıma duygusu olmaz. Savaşırken sabır ve zamanlamayı hep birlikte değerlendirmelisin. Sabır dingin olmayı gerektirir. Acele etmeden, kaygı duymadan savaş öncesi beklemek kişiyi başarıya götürür. Bir savaşçı beklediğini bilir, neyi beklediğini de bilir. Savaşçılığın en büyük zevki buradadır işte!"

Şehzade hocasını dinlerken birden çalıların arasında bir yılan gördü.

"Şurada yılaannn var!"

Zağanos Paşa tek bir hamle ile yılanı yakaladı.

"Korkmuyor musun?" diye sordu Şehzade Mehmet.

"Niye korkayım ki! Ben sadece beşerden çekinirim."

"Neden?"

"İnsanoğlu sık sık şaşar ve bir yılandan daha zehirlidir."

"Zehirli midir?"

"Evet. Beşer arınamamışsa yanındaki kimselere kızgınlık, kin, öfke gibi kötü duyguları zehir olarak saçar. Halbuki yılan sadece kendini savunmak istediği zaman zehir salgılar. Yılanlar sebep yokken bir insanı sokmaz; ama beşer öyle değildir."

Dördüncü Bölüm

Dengesizlik kişinin ayarı bozulunca ortaya çıkar. Eğer güvensizlik duygusu korkunun yenilmesiyle ortadan kalkarsa dengesizlik yok olur

Epeyi zaman geçti. Şehzade Mehmet sancaktaydı. Osmanlı Devleti idari bakımdan eyaletlere, eyaletler sancaklara, sancaklar kazalara, kazalar da tımarlı nahiyelerine ayrılmıştı. Sancakların birleşmesiyle meydana gelmiş olan sancak beyliğine gelen Şehzade Mehmet yaşı küçük olmasına rağmen her şeyi öğrenmek istiyordu. En üst dereceli yönetici sancakta kendisiydi.

Bir gün asayişi merak etti; kendisine nezaret eden Paşa'ya sordu.

"Sûbaşı ve yasakçılar sancakta sorun olduğunda duruma hakim olabiliyor mu?"

"Evet efendim. Ayrıca kalenin korunması kale dizdarları tarafından gerçekleştiriliyor," dedi, sonra devam etti konuşmasına. "Eyalet divanı önümüzdeki hafta toplanacak. Önceden hazırlık yapmak isterseniz diye toplantıyı size bildirmek istedim."

Paşa yanından ayrılır ayrılmaz, toplantı için neler hazırlayacağını düşündü Şehzade; ancak üyelerin kimler olduğunu bilmiyordu. Lalası İbrahim Paşa'yı çağırdı.

"Bana Eyalet Divanı'nın üyeleri anlat."

Lala da tane tane açıklamada bulundu.

"Beylerbeyi eyaletin ve eyalet divanının başıdır. Hizmetinde de kapu halkı bulunurdu. Yardımcısı, Beylerbeyi Kethüdası'dır."

"Maliyeden kim sorumludur?"

"Eyalet Defterdarı efendim."

"Eyalet Kadısı'nın da görev ve yetkilerini merak ediyorum. O ne iş yapar?"

"Yargı ile ilgilenerek kentin sorunlarını çözer."

Şehzade Mehmet çok düşünceliydi. Ayağa kalktı. Boyu bu sıralar birden atmıştı ve geniş omuzları olduğundan yaşını büyük gösteriyordu. İlerdeki pencereye baktı. Bir ara gözleri daldı ve pencere kanatları üstüne üstüne gelir gibi oldu.

Bir suskunluk başlamıştı. Ne Lala ne kendisi bir müddet tek kelime etmedi. Suskunluk belki on dakika sürdü.

"Suçluların takibini kim yapıyor?" diye soru sorarak sessizliğin gizemini Şehzade Mehmet bozdu.

"Eyalet Subaşısı'dır efendim. Suçluların yakalanmasında, kadı tarafından verilen hükümlerin ve merkezden gelen emirlerin uygulanmasından o sorumludur."

Sancağa bağlı kazaları düşündü. Oradaki hiyerarşiyi de merak ediyordu.

"Kazaların başında kim var?"

"Kazalar hem adlî hem de idarî birim oldukları için başında yönetici olarak kadı bulunuyor."

Lala'sına baktı.

"Verdiğin bilgiler için teşekkür. Devlet yapısını çok iyi öğrenmeliyim. Bu yüzden arada bir bu konuları görüşelim."

"Olur efendim."

Aradan aylar geçti. Bir gün atına binip tepeye çıktı. Sarı bir kurt vardı karşı kayalıkta. Günışığı ile bütünleşen tüyleri pırıl pırıl parlıyordu. Çok uzağında olmasına rağmen kurdun dilinin bir karış dışarıda olduğunu gördü. Bir müddet süzdü onu. Ara sırada kurt kıçının üstüne oturup başını havaya kaldırıp güneşe karşı uluyordu. Önceleri korkmazken Şehzade Mehmet'in birden yüreğine bir korku düştü; onu bir an düşmana benzetmişti. Hatta kayalıktaki hayvan, bir an adam, bir an kurt olup duruyordu.

Yaratık acı acı ulurken bir ara gözleri daldı. Şehzade kendine geldiğinde düşman sandığı adam da, kurt da gitmişti.

Düşüncelerinden sıyrılarak elinin tersiyle terleyen alnını sildi; ancak atın birden kişnemesiyle dengesini zor tuttu. Neden atın ürktüğünü araştırırken bir yılan gördü. Atı güvenli bir yere geçip yılanı izledi. Yeşilimsi derisi ortalığı ışıldatıyordu.

Şehzade Mehmet yılandan korkmamıştı; çünkü Zağanos Paşa'nın sözleri aklından hiç çıkmıyordu. Ondan askerlik konusunda biraz daha ders almak istiyordu. Saraya dönünce mektup yazıp onu çağırmaya karar verdi.

Sarı ışık seli gökten haldur haldur boşanırken kayaları önüne katıp atını sürdü. Kayalar, yollar, ekinler, tarlalar geçerek saraya vardı.

Ertesi sabah Zağanos Paşa'yı Şehzade Mehmet askerlik konusunda ders almak için Manisa'ya çağırdı. On gün sonra paşa geldi. Ders öncesinde Şehzade ona bir ziyafet verdi. Yemek sırasında ise devlete hizmet eden görevlilere ödenen maaşlarda sıkıntı olduğu öğrendi.

"Yaşıtlarım oyun oynamak isterken bilmediğim konularda bana fikir tanışılıyor. Ne yapacağım?" diye Zağanos

Paşa'ya içini döktü.

"Ben bildiklerimi sizinle paylaşmak isterim. Neyi öğrenmek istiyorsanız bana sorun."

"Tımar sistemi nedir?"

"Devletimizde taşra teşkilatının temelini tımar sistemi yani dirlik oluşturur. Devlet bazı bölgelerin vergi gelirlerini hizmet veya maaş karşılığı olarak askerlere veya devlet görevlilerine ayırır. Bu gelir kaynağına dirlik denilir."

"Peki tımar nedir?"

"Savaşta sivrilmiş, tımar beyi olma özelliği kazanmış sipahilere üç ile yirmi bin akçe yıllık vergi geliri olan dirlikler verilir. Bu verginin adı da tımardır."

"Başka vergi çeşidi yok mudur?"

"Vardır," dedi Paşa ve şöyle devam etti. "Savaşta üstün yetenek göstermiş olan tımar sahipleri ile devlet merkezindeki devlet görevlilerine verilen yıllık vergi gelirine zeamet denir. Yirmi ile yüz bin akçe arasındaki dirlikdir. Dirlik geliri alan her sipahi devlete bir asker yetiştirmek zorundadır."

Mehmet çok düşünceliydi. Her şeyi birden öğrenmeye çalışmak onu yoruyordu. Derin bir bakış fırlatıp masanın başında kalakalmıştı. Kendini toplayınca sordu.

"Edirne'deki saraya da gelir geliyor mu?"

"Elbette. Bu gelirin adı hastır."

"Peki halkımız nasıl geçiniyor?"

"Dirlik sahipleri kendisine verilen toprakları köylüye 50-150 dönümlük topraklar halinde dağıtırarak hasat zamanında yetişen ürünün vergisini öşür olarak alıyor."

"Anladım şimdi! Dirlik sisteminde toprağın mülkiyeti devlete, vergisi dirlik sahibine, kullanım hakkı köylüye ait, değil mi?"

"Evet."

"Köylü ya toprağı iyi kullanamıyorsa o zaman ne yapılıyor?"

"Tımarlı sipahi öyle durumlarda toprağı sebepsiz yere terk edenlerden, üç yıl üst üste ekmeyenlerden, vergisini vermeyenlerden kullanım hakkını alıyor."

"Tımarlı sipahinin de bayağı yetkisi varmış. Onun görevlerini genel olarak anlatır mısın?"

"Köylünün güvenliğini sağlamak, tohum, gübre vb. ihtiyaçlarını temin etmek gibi işleri vardır. O görevini yerine getirdikten sonra ancak köylünün vergisini alıyor."

"Bu sistem bayağı işe yarıyor olmalı. Anladığım kadarıyla devlet merkezden toplanması son derece zor vergileri Tımar Sistemi ile topluyor."

"Aynen öyle."

"Ayrıca bazı görevlilerine de maaş vermekten kutruluyor değil mi?" dedi Şehzade.

"Evet."

"Her sipahi asker yetişirmek zorunda olduğu için devlet asker yetiştirmekten de kurtuluyor ve ülkenin toprakları boş kalmadığından üretim de artıyor. Bu sistemi Padişah olduğumda geliştireceğim."

Paşa araya girerek gözlerine dik dik baktı.

"Bir şeyi söylemeyi unuttunuz!"

"Neyi?" dedi şaşkın gözlerle Şehzade.

"Tımarlı sipahiler bir de bulundukları yerlerde güvenliği sağlıyor."

Yemeğin ardına Zağanos Paşa, Şehzade'yi savaş teknikleri konusunda çalıştırdı. Ertesi gün Şehzade Mehmet çarşıya çıktı. [1]Muhtesib, çarşı ve pazar denetlemesi yapıyordu. Kapanın girişinde satılan mal ve fiatları kontrol ederken Kapan Emiri Şehzade'yi gördü. Hemen el pençe divan durdu. Kente gelen sebze meyvenin toplandığı yer olan kapan çok kalabalıktı. Çevresine bakınırken Kapan Emiri yanına vardı; ama biraz sıkıntılıydı.

"Şehzade'm sizden bir ricam var."

"Seni dinliyorum."

"Kapanın arkasındaki evde tek başına yaşayan bir adam var. Kuşları, kartalları vuruyor, tavşanları, tilkileri yakalayıp kafese atıyor. Yılanları, kurbağaları, sümüklüböcekleri öldürüyor. Ağzı var dili yok hayvancıklara eziyet etmesini önleyin Şehzade'm."

Mehmet hayvanları çok severdi. Zavallı hayvancıklara kötü davranan adam cezasız kalamazdı. Oyalanmadan tarif edilen eve giderek adamı huzuruna çağırdı.

Gözlerine uzun uzun bakarken adam korkudan titredi; hayvanlara zalimlik yapan adam sanki kedi olup yere sindi. Şehzade bir tekme savurmak istedi, sonra yerdeki sopayı gördü. Eline onu aldı. Ciğeri beş para etmez adamı yaşı çok küçük olmasına rağmen dövmemek için kendini zor tutuyordu.

---

[1] **Muhtesib:** İslâm dünyasında, iyilikleri emretmek ve kötülüklerden vazgeçirmek 'el-emr bi'l-maruf ve'n-nehy ani'l münker'e gayesiyle kurulan teşkilâtın başında bulunan görevli. Muhtesib, tarihte kurulmuş bulunan bütün müslüman devletlerde bu isimle, bazen da 'İhtisâb emini' veya 1242 (1826) yılından itibâren Osmanlılarda 'İhtisâb Ağası' gibi isimlerle de anılmaktadır. Muhtesib, İslâm'ın hoş karşılamayıp çirkin gördüğü her türlü kötülüğü (münkeri) ortadan kaldırmaya çalışırdı. Gerçi İslam'da, iyiliğin emr edilmesi ve kötülüklerden sakınılmasına nezâret etme, bütün müslümanların yerine getirmesi gereken müşterek bir vazifedir (Âli İmrân, 3 110-114, et-Tevbe, 9/71) Osmanlı'da esnafı denetleyen kimse.

"Hayvanlara eziyet etmeye utanmıyor musun şerefsiz?" dedi. Duruşu o kadar çok dikti ki, üzerinde küçük bir çocuğun edası hiç yoktu.

"Affedin Şehzade'mmm."

"Zindana atın bu adamı yaptığı onursuzluğun bedelini ödesin. Kıyamete kadar kalsın orada."

"Affedin beni n'olur!"

"Halin bundan sonra duman," dedi Şehzade. "Eziyet ettiğin yılan, kurbağa, solucan, sümüklü böcek gibi zindanda sürüneceksin."

Çok kızgındı Şehzade Mehmet. Etrafı dolaşmak istemeyip saraya döndü. Akşam Hocası Gürani ile dersi vardı. Ders için ön hazırlık yaptı. O artık eskisi gibi değildi. Öğrenmenin ciddiyetini kavrayarak eğitimine önem vermeye başlamıştı. Derste hocası ona şöyle dedi.

"Bilgi sahibi olmalısın. Cehalet döneminde insan hiçbir şey elde edemez. Hatta o dönemde elde edilen bilgilere kimse saygı göstermez."

"Anlıyorum Hocam," dedi Şehzade ve anlatılanları pür dikkat dinledi.

Günler, aylar hızla geçiyordu. Sultan Murat biraz endişeliydi. Karamanoğulları hiç rahat durmuyordu. Sultan sefere çıkarak Konya içlerine kadar ilerledi. İbrahim Bey Sultan Murat'ın ordusuna direniş gösteremeyip kaçarak dağlık bölgeye sığındı ve barış istedi. Rumeli'de de durum karışık olduğu için Sultan Murat düşünmeden teklifi kabul etti. Karamanoğlu İbrahim Bey topraklarına geri dönerken işgal edilen Hamideli toprakları da Osmanlı'nın oldu.

Epey zaman geçti. Şehzade Mehmet Manisa'da iken Sultan Murat Edirne sarayında geleceğe yönelik çalışmalar yapıyordu. 1443 yılının ekim ayıydı, kış kendini iyiden iyiye hissettiriyordu.

Sultan Murat sarayda dolaşırken iki tane ulağın Edirne'ye vardığını öğrendi. Onların saraya girişini beklerken çok sabırsızdı. Neler olup bittiğini çok merak etmişti. İçeri ilk Rumeli'den gelen ulak girdi ve Hunyadi Yanoş, Macar Kralı Ladislas ve Sırp Despotu Yorgo Brankoviç önderliğinde bir Hıristiyan ordusunun Tuna'nın güneyindeki Osmanlı topraklarını istila etmeye başladığını haber etti. Bu habere canı çok sıkılan Sultan, ikinci ulağın gelişiyle daha çok yıkıldı; Amasya'dan gelen ulak Şehzade Ali'nin öldüğü haberini vermişti.

Sultan Murat birkaç gün odasına çekildi. Büyük oğlunu yitirmek onu çok üzmüş, hissettiği acı hançer gibi yüreğine saplanmıştı. Artık tahtın varisi olarak düşündüğü Şehzade Mehmet'in eğitimiyle daha yakından ilgilenmek istiyordu. Ülke dışından hocalar getirterek Manisa'ya gitti. Oğlunu iyi hocalara emanet eder etmez yeni seferine çıktı.

Karamanoğulları'ndan İbrahim Bey ise Haçlı ordusunu duymuştu ve sözünde durmayıp bu durumu değerlendirmek isteyerek hiç vakit kaybetmeden Macarlar ve Bizans ile anlaşmıştı. Osmanlı'yı arkadan vurmaya çalışması Sultan Murat'ı sinirlendirmişti. Sefer bittikten sonra İbrahim Bey'in üzerine yürüyecekti.

Balkanlar'da durum pek iç açıcı değildi. Sultan Murat Rumeli'ye geldi. Sırpların üzerine birkaç sefer düzenledi; ancak ardı ardına gelen yenilgiler Osmanlı Devleti'ni zor duruma soktu. Hıristiyan ordusunu 25 Aralık'ta İzladi'de durdurmayı başardı. Her iki taraf da yorulmuştu. Müzakereler sırasında Mehmet'i Manisa'dan Edirne'ye getirtti. Anlaşmadan başka yol yoktu. Sultan Murat girişimde bulunarak 12 Haziran 1444 de Segedin Barış Antlaşması'nın yapılmasını sağladı.

Antlaşmaya göre Sırp Krallığı yeniden kurulacak, Sırplar'dan Türkler'in aldığı topraklar geri verilecekti. Buna karşılık Sırplar ve Eflak Devleti de Türkler'e vergi vermeye devam edecekti. Macaristan ise sıkıntı yarattığı için Eflak himayesinde olacaktı ve her iki taraf Tuna'yı geçemeyecekti. Bu antlaşma koşulları on yıl geçerli olacaktı.

Aradan bir ay geçti ve Sultan Murat Osmanlılar Balkanlar'da rahatladığı için huzurluydu. Edirne'de Macarlarla antlaşma yaptıktan bir ay sonra oğlu Mehmet'i Edirne'de Sadrazam Çandarlı Halil Paşa denetiminde bırakarak Hamideli topraklarını işgal eden Karamanlıların üzerine yürümek üzere Anadolu'ya geçti. Kalabalık Osmanlı kuvvetlerinin geldiğini öğrenen İbrahim Bey köşeye sıkıştı. Sultan Murat ona acımayarak üzerine ordusu ile yürüdü ve beylik ortadan kalkana kadar mücadele etti.

En sonunda Karamanlılar'la Yenişehir'de bir anlaşma yaptı. Sefer dönüşü hava çok sıcaktı. Ağustos ayının kavurucu sıcağı insanın dilini damağına yapıştırıyordu. Mihaliç'e gelince durup dinlendiler. Mola sonrası Yeniçeri Ağası Hızır Ağa ve diğer beylere tahttı oğluna bırakacağını söyledi. Ordusu Edirne'ye dönerken kendisi Bursa'da kaldı.

Sultan Murat'ın zaferlerinin yankısı sürüyordu. Macarlarla tampon bölge oluşturulduğu için şimdiye kadar onların verdikleri direk zararlardan kurtulunarak ilk defa sınır kavramı ortaya çıkarak Tuna Nehri belirleyici olmuştu. Sultan II. Murat bu ortamdan yararlanarak hükümdarlığı 12 yaşındaki II. Mehmet'e bıraktığını Vezir-i azam'a bildirdi.

Bu durum Avrupa'da yeni bir Haçlı seferinin toplanmasına neden oldu. Segedin antlaşmasının ardına tahtın II. Mehmet'e bırakılması Osmanlı Devleti'nin içinde ve Avrupa'da olmak üzere iki önemli sonuç ortaya çıkarmıştı. Birincisi küçük yaştaki bir şehzadenin tahta çıkması ile Osmanlı Devleti'nin iç işlerinin karışmasıydı; çünkü vezirlerden Çandarlı Halil Paşa ile Şehabettin Paşa, II. Mehmet'in lalaları Zağnos Paşa, İbrahim Paşa arasında nüfuz mücadelesi başlamıştı. İkincisi ise Osmanlıyı parçalamak için Avrupa'da yeniden haçlı ordusunun toplanacak olmasıydı.

Sultan Mehmet, sonbaharda Edirne'yi dolaşmak için Zağanos Paşa ile dışarı çıkmak istedi.

"Dolaştıktan sonra savaş taktikleri konusunda çalışalım mı?" dedi Sultan Mehmet.

"Olur," dedi Paşa ve ata binip saraydan ayrıldılar.

Kentin girişinde yabani kayısı ağaçları vardı. Sultan Mehmet birkaç tane kopardı. Zağanos Paşa da kulağına küpe etmesi için birkaç açıklamada bulundu.

"Çandarlı Halil Paşa çok yiğit olmasına rağmen sarayda çok dedikodu yapıp bazı insanların canını yakmıştır. Babandan biraz çekinmeseydi daha çok insanın canını yakacaktı. Baban sultanken Paşa, ondan çok korkardı. Pek çok masumun kanını içti, baban ona güvenerek çok kelle uçurdu."

"Ben çok dikkatli olmalıyım o zaman."

"Evet. İnsan bilgi sahibi olup arındıkça algısı gelişir. Şimdiye kadar iyi bir eğitim aldın ve pek çok soyluya nazaran önceden hissetme ve algılama yeteneğin çok fazla. İnsanlar yeteneklerini geliştirdikçe hele senin gibi bir sultan ise çevresinde bir şeyleri paylaşabileceği insan sayısı giderek azalır."

"Haklısın, şehzadeliğim döneminde Halil Paşa'ya karşı her zaman dikkatli oldum. Bana bir türlü güven vermiyor."

"Sarayda bazı soylu kişiler hâlâ ondan çok korkuyor," dedi Zağanos Paşa. "İki dakikada adamı satar, çok bencildir, çoook. Bazı kimseler bilirler ki ona bulaşılırsa sülalelerini zindana attırır, hiçbir tane soylarından adam kalmayacağını bildikleri için de susarlar."

Paşayı dinlerken Sultan Mehmet kayısıları çabuk çabuk yemişti.

"Sen bir Padişah'sın," dedi Paşa. "Ama sen sen ol, ne yaparlarsa yapsınlar, ne derlerse desinler emin olmadan kimsenin canını yakma."

"Öyle yapacağım."

İlerdeki düzlük çok güzeldi. Paşa kılıç çalışmak için oranın çok iyi bir yer olduğunu söyledi. On dakika sonra savaş taktikleri üzerine çalışmaya başladılar. Önce genel bir açıklama yaptı.

"Düşmanla karşılaşan yetersiz savaşçının en büyük hatası mücadelesini dayandıracak bir taktik kuramamasıdır," dedi Paşa.

"Yetersiz savaşçı hatasını önceden göremez mi?"

"Göremez."

"Neden?"

"Özgüveni yoktur."

"Özgüven mi?"

"Evet. Özgüvensiz savaşçı kendini genellikle aşırı ciddiye alır. Bu ise ölümcül bir kusurdur. Hem kendi eylem ve duyguları, hem de düşmanınkiler onun için her şeyden önemlidir. İyi bir savaşçının hem çok iyi düşünülmüş taktikleri olur hem de kibirden kurtulmuş olur. Düşman ölesiye kendini ciddiye alırken senin bunun kıyısından ile geçmemen gerekir."

"Tüm bunları geliştirecek gücü kendimde bulamıyorum," dedi Sultan Mehmet.

"Şimdi sana denetim, disiplin, sabır ve zamanlamayı kullanarak bir taktik geliştirmeyi öğreteceğim."

"Sözlerin beni rahatlattı."

"Rahatlaman güzel, ama disiplini elden bırakma. Şu an iyi bir savaşcı değilsin, sadece adaysın. Kendin ve dünya hakkındaki görüşlerini belirlemelisin. Hayatındaki öncelikleri bilmeden iyi savaşamazsın, başarılı olamazsın. Bu nedenle kendin üzerinde mutlak denetim ve disiplin sağlamalısın. Sabır ve zamanlamayı da iyi kullanabilmek için çok bilgi sahibi olmalısın. Bunun için kendini ilme de vermelisin. Bilgisiz insan boş bir fıçıya benzer. Bu erdemler üzerinde yeteneklerini geliştirirsen sezgilerin kuvvetlenir ve ihtiyatlı davranmayı öğrenirsin. Sabır ve zamanlamayı hiçbir zaman unutma. Bilgi yolunda ilerlerken her ikisi denetimin gelişmesine yardımcı olur. Düşmanı dize getirme düşüncesi savaşcının gücünü pekiştirmekle kalmaz aynı zamanda zevk ve neşe verir."

"Çok güzel şeyler anlattın. Kendimi çok iyi bilmek için önce ne yapmalıyım?"

"Bana göre yaşadığın yeri önce çok iyi tanımalısın."

Çalışma sonrası Sultan Mehmet saraya geldi. Akşam yemeğinden sonra hem özel hayatının hem de devletin yönetileceği sarayı dolaşmak istediği için Hasodabaşı'nı çağırdı.

Hasodabaşları görevleri gereği her zaman padişaha yakın olurlardı. Çünkü törenlerde padişahın giysilerini giymelerine yardım ettikleri gibi padişah nereye giderse gitsin yanında bulunmakla görevliydiler.

Önden Sultan Mehmet yürüdü, arkadan Hasodabaşı... Koridorda Lalası İbrahim Paşa ile karşılaştı. O da kendisine eşlik etti.

Aslında küçüklüğü burada geçmişti; ancak çok ufak yaşta buradan ayrıldığı için pek hatırlamıyordu. Önce enderunu gezdi. Özel hayatının geçeceği sarayın iç bölümünde hizmetine bakacak güvenilir kimseler burada yaşıyordu. Hizmet ve eğitim odaları ve harem ise ilerdeydi.

Sultan Mehmet ağır ağır yürürken sarayın duvarları dışarıdaki rüzgârın şiddetinden etkilenip vuuu sesi çıkarıyordu. Yanındaki Lala İbrahim Paşa şöyle dedi.

"Biraz önce dışarıdan geldim. Dehşet bir poyraz esmeye aniden başladı. Ağaçları kökünden söken, harmanları, otları alıp götüren, yolları tozutan, yerinden oynamayan kayaları sallayan rüzgâr korkunçtu. Kuşlar bile havada kanat çırparken göğüslerini delirmiş yele zor tutuyorlardı."

Sultan Mehmet onu dinlerken yürümesine devam etti ve haremin kapısına gelince durdu. Sarayda kadınların yaşadığı ölüm burasıydı. Saraya alınan kızlar sıkı bir eğitim görürlerdi. Aralarında tutulmayan olursa çıkma[2] ile veya saray dışında görevlendirilen kapıkullarıyla[3] evlendirilirlerdi.

---

[2] **Çıkma:** Edirne, Galata ve İbrahimpaşa saraylarındaki acemioğlanların derecelerine göre kapıkulu süvari bölükleriyle sarayın dış hizmetlerine ya da devlet hizmetlerine; saray hizmetlerinde bulunan kimselerin de dış hizmete atanmalarıdır.

[3] **Kapıkulu:** Aslen padişah'ın kölesi konumundaki Osmanlı sınıfı. Kapıkulu askerleri olduğu gibi, kubbealtındaki yönetimde rol oynayan sadrazamlar da genelde bu devşirmeler arasındandır. Her ne kadar bir köle yaşamı sürmeseler de, yine de normal vatandaşlarla aralarında fark vardır. Bu kişilerin hayatları, padişahın iki dudağı arasındadır. Padişahlar, sanılanın aksine herkesin kellesini vurduramazdı. Normal vatandaşlar, şerri hükümlere göre kadılarca yargılanır ve ondan sonra ilgili cezaya çarptırılırdı. Kapıkulunsa canı padişahın malıydı. dolayısıyla padisah, istediginin kellesini vurdurabilirdi.

Sultan Mehmet içeri girdi. Yaşları oniki ve yirmibeş arasında pek çok cariye vardı. İçeriyi dolaşıp çıkarken Gülbahar adlı bir kızla göz göze geldi. Kızın bakışları büyüleyiciydi. Sultan Mehmet onu çok beğenmişti, içinden söylendi.

"Böyle bir güzellikten etkilenmemek mümkün değil," diye mırıldandı ve ona bakıp tebessüm ederek haremden çıktı; ancak o gülümseme genç kızın ayaklarını yerden kesti.

Sultan Mehmet hasodanın[4] önünden geçerken görevliler yere doğru eğilip selam verdi. Biraz onlarla konuşan Padişah çalışanlar hakkında bilgi aldı. Bir ara bakışlarını koridorun sonundaki hazine odasına çevirdi. Soracakları bitmişti. Geri dönüp kiler odasının önünden hızla geçerek biruna gitmek istediğini yanındakilere söyledi.

Biruna girerken bab'üssaade (Orta kapı) denilen kapıda durdu. İki bölümün birbirine bağlandığı yer olan bu kapı olağanüstü güzellikteydi. Birun sarayın dış bölümüydü. Yönetici kadrolar ile tek tek selamlaştı. Yeniçeriler, sipahiler, silahdar, sağ ve sol garipler[5], sağ ve sol ulûfeciler[6], topçular, cebeciler[7], mehterler, müteferrikalar[8], enderundan çıkma

---

[4] **Hasoda:** Saray'da bu ad ile meydana getirilen yere ve ona mensup kuruluşa verilen addır. "Hane-i has" olarak da kayıtlarda geçmektedir. Sultan Fatih Mehmed tarafından yaptırılmış ve hizmetine, otuz iki iç oğlanı konmuştur.

[5] **Garip:** Kapıkulu süvari askerleri arasında bir bölüm. Bunlar Sağ Garipler, Sol Garipler adı altında teşkilatlanmışlardır. Bunlara gureba-ı yemin ve gureba-ı yesar veya aşağı bölükler adları da verilmişti. Bu teşkilat XV. yüzyıl sonlarında kurulmuştu. Bunların bir kısmı Galata, İbrahim Paşa ve Edirne Sarayı'nda yapılan çıkmalarla sağlanırdı. Tehlikeli görevlerde bulunup, yabancılar içinden kura ile seçilirlerdi. Savaşta sağ garipler padişahın sağındaki sancağın dibinde, sol garipler ise sol alem dibinde yer alırdı. Garipler sefer yapılırken merkez kolunda her gece otağı ve ordunun ağırlıklarını korumakla görevli idiler. Savaş sırasındaki en önemli görevleri sancak-ı şerifin korunması idi. Bu sebeple sancak-ı şerifin konulduğu çadırın etrafını karargah yaparlardı. Ayrıca seferde ordugaha odun naklini temin etmek de onların görevidi.

[6] **Ulûfeci:** Yeniçerilikte bir sınıf süvari askeri.

[7] **Cebeci:** Cebeci Ocağı, Osmanlı ordusunda, silahların temin edilmesi, korunması ve sefer zamanında cepheye götürülmesiyle görevli kapıkulu ocağı idi. Ocağın mensuplarına, Cebeciler denilmekteydi

[8] **Müteferrika:** Padişah, vezir ve daha başka devlet büyüklerinin yanında, türlü hizmetlerde çalışan kimse.

içoğlanlar[9], beyzade çocukları, devlet ileri gelenlerinin çocukları ile tanıştı.

Uzun sohbetin ardına enderuna geçmek için ayaklandı. Birunun çıkışında teşkilatların yöneticileri ve şehzadelerin eğitimiyle meşgul olan Padişah Hocası ile karşılaştı. Kendisini epeyidir görmüyordu.

"Seninle ve Hekimbaşı ile epedir konuşmak istiyordum. Yarın sizi görüşmek için bekliyorum."

"Peki Sultan'ım."

Birundan hızlı adımlarla ayrılırken Lala'sına sordu.

"Birun çok kalabalıkmış. Görüştüklerimin dışında burada yaşayan var mı?"

"Evet efendim. Haberleşme ve elçilik görevini yapan çavuşlar, çavuşbaşları, müneccimbaşı[10], mimarbaşı, seyisler, okçular, rikabdarlar[11], darbhane emini gibi görevlilerde burada yaşıyor."

---

[9] **İçoğlan:** sultanın sadık hizmetkarları olan içoğlanlar, ailelerinden koparılarak bizzat sultanın huzuruna çıkarılan ve imparatorluğun gelecekteki yöneticileri olmak üzere yetiştirilen topluluktu. eğitim dönemleri boyunca topkapı sarayı'nın üçüncü avlusunda hapis hayatı yaşarlar ve saray dışındaki nihai görevlerine törenle uğurlanırlardı. Kul oldukları hiç unutturulmayan içoğlanlar, kulluklarının bir sembolü olarak başlıklarının iki yanından sarkan ve tutsaklık yıllarında yusuf'un bıraktığı uzun saç lülelerinden esinlendiği söylenen zülüfler bırakırlardı. bir özgürlük sembolü olarak kabul edilen sakal bırakmaları kesinlikle yasaktı. İçoğlanlar için ölüm sessizliği bir zorunluluktu. çünkü sultanla ancak işaret diliyle iletişim kurabilirlerdi. içoğlanlardan sadece üçü o'nunla konuşma hakkına sahipti. kanuni tarafından başlatılan bu garip uygulama zamanla o kadar abartılmıştı ki huzurda fısıldamak bile büyük bir kabalık olarak görülmeye başladı. Bu garibanlar da ancak bayramlarda ve askeri kutlamalarda konuşma, türkü söyleme, bütün odalara özgürce girme özgürlüğüne sahip oluyorlardı.

[10] **Müneccimbaşı:** Osmanlı İmparatorluğu'nda 15-16. yüzyıllardan itibaren saray görevlileri arasında yer alan müneccimleri yöneten kişi. İlmiye sınıfından seçilen müneccimbaşılar müneccimliğin kelime anlamında mevcut astroloji ve kehanet gibi görevlerinin yanı sıra zamanla devlet katında kullanım için takvim, imsakiye ve zayiçe hazırlamaya başlamışlardır.

[11] **Rikabdar:** üzengi ağası, padişahın üzengisini tutan görevliye verilen isimdir. kara murat tiplidir.

Enderuna girdi. Seferli odasındaki[12] kargaşa koridordan duyuluyordu. İçeri girdi. Berber, terzi ve müzisyen arasındaki problem Sultan Mehmet'in olaya el koyması ile çözüldü.

Seferli odasından Sultan çıkarken son bir kez daha sordu.

"Başka sorun yok değil mi?"

"Yok Sultan'ım," dedi Berber. "İç oğlanlardan bazıları bizimle çalışmak istemiyordu. Siz araya girince aramızdaki anlaşmazlık bitti."

Gezi bitimi Sultan Mehmet, Lala'sını sohbet etmek için göndermedi. Sarayın yapısını çok iyi öğrenmek istiyordu.

"Bana genel olarak acemioğlanları, içoğlanları anlat."

Lala tüm bildiklerini tek tek açıkladı.

"Devşirme usulüyle toplanan oğlanlardan, acemi oğlanlar ocağına götürülmeden önce içlerinden yetenekli olanları seçiyoruz."

"Yetenekli olmayanları ne yapıyorsunuz?"

"Basit işlerde çalışmak üzere değişik bölümlere sevk ediyoruz. Toplanan oğlanların zeki ve yetenekli olması gerekiyor; çünkü sıkı bir disiplin altında yetiştirildikleri için eğitimleri bayağı zor oluyor."

---

[12] **Seferli odası:**Berber, terzi, müzisyen gibi görevliler bulunurdu. Devşirme usulüyle toplanan oğlanlar, Acemi oğlanlar ocağına götürülmeden önce, içlerinden seçilenler Topkapı sarayına alınarak, sıkı bir disiplin altında yetiştirilirlerdi. Bunlara dini bilgiler, Arapça, Farsça gibi dersler ve pratik el sanatları öğretilirdi. Bunlara İÇOĞLANI denilirdi. Amaç saraya alınan bu içoğlanlarını gerçek bir dindar, devlet adamı, asker ve seçkin nitelikli bir kişi olarak yetiştirmekti. Hasoda, kiler odası, hazine ya da seferli odalarında hem hizmet ederler, hem de eğitim ve öğretimlerini sürdürürlerdi. Daha sonra ÇIKMA denilen bir atama usulüyle Birun görevlendirilir, bu odaların başındaki ağalar da sancak beyliği gibi önemli görevlere tayin edilirlerdi.

"Hangi konularda eğitim alıyorlar?"

"Kimi dini bilgiler, kimi Arapça, Farsça gibi dersler ve kimi de pratik el sanatları öğreniyor."

"Peki amaç ne?"

"Amaç içoğlanlarını gerçek bir dindar, devlet adamı, asker ve seçkin nitelikli bir kişi olarak yetiştirmektir. Hasoda, kiler odası, hazine ya da seferli odalarında genellikle onlar hizmet ediyor. Biraz önceki tartışmaya şahit oldunuz. Bazen aralarında uyuşmazlık oluyor; ama hemen olaya el koyuluyor. Bugün de siz yakından şahit oldunuz ve olayı çözümlediniz."

"Peki başarılı olanlar ne yapıyor?"

"Üstün başarı gösterenler sancak beyliği gibi önemli görevlere de tayin edilebiliyorlar."

"Anladım. Verdiğin bilgiler için sağ ol Paşa."

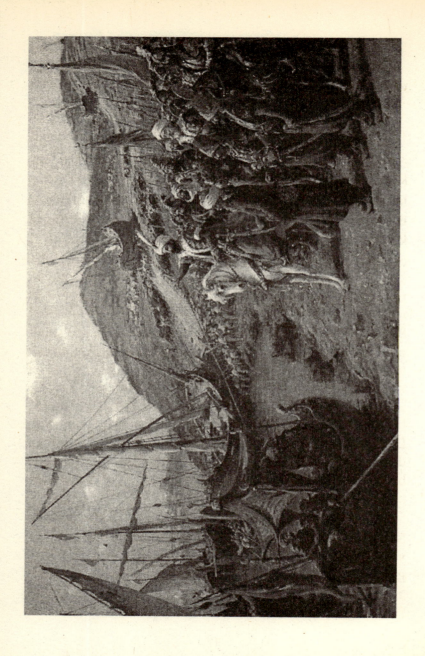

Beşinci Bölüm
Sabır dingin olmayı gerektirir. Acele etmeden, kaygı duymadan savaş öncesi beklemek kişiyi başarıya götürür

Gece olmuştu. Geceliğini, takkesini giyip yatağa girdi Sultan Mehmet. Gaz lambasının ölgün ışığı duvarlara yansıdıkça şekilden şekle giriyordu. Sarayın duvarlarına bakarak devletin ilk kuruluş yıllarında Bursa'da yapılan saray ile şimdi içinde yaşadığı sarayı karşılaştırdı. Burası daha büyüktü, ama ilerde İstanbul'u fethedip daha büyük bir saray yaptırmayı hayal etti.

Babası Sultan Murat ile Bizans'a eskiden yaptıkları ziyarette Hipodrom (Beyazıt civarı) yakınındaki büyük sarayı görmüştü. Ondan daha da büyük bir saray yaptırmak istiyordu.

Dakikalar geçti. Uyku tutmuyordu. Yarın öğleden sonra olacak Divan-ı Hümayun'u düşündü. Divanhane'de olacak toplantı için sabah erkenden kalkıp hazırlanmayı planlıyordu ki aniden yataktan kalktı, doğruca idare lambasına varıp ışığı söndürdü; ama yatağa girer girmez uyuyamadı. Divan teşkilatında şimdiye kadar alınan kararları düşündü. Devletin kuruluşundan bu yana çok zaman geçtiği için düşüncelerini toplayamadı. Divan teşkilatının ilk defa büyük dedelerinden olan Sultan Orhan Bey zamanında kurulduğunu hatırlayarak uykuya daldı.

Öğleden sonra Sultan Mehmet toplantıya katıldı. Seyfiyenin Divan-ı Hümayun'daki temsilcisi vezir-i azam ve vezirlerdi. Osmanlı Devleti'nde yönetim ve askerlik görevini yerine getiren zümreler vezirlerden oluşuyordu. Sultan toplantıya katılmadığında vezir-i azam padişahın vekili olurdu ve altın mührü bir tek onda olurdu.

Vezir-i azam, padişah seferlerde ordunun başında değilse Serdar-ı Ekrem[13] sıfatıyla sultanın tüm yetkilerini savaşta kullanırdı.

Bugünkü toplantıda tedris[14], kaza[15] ve icra görevleri hakkında bir ön görüşme yapıldı. Medreselerde iyi eğitim görmüş, devletin adalet, eğitim ve yargı görevlerini üstlenen ulemalar konu hakkında görüşlerini bildirdiler. Müftilerin en üst rütbelisi Şeyhülislam konu ile ilgili fetva vereceğini bildirdi.

Divana katılan fakat oy kullanma hakkı olmayan Şeyhülislam'ın yeri protokoldeki sırası ile vezir-i azamla aynıydı. Yetkileri dolayısıyla Şeyhülislam'a büyük saygı gösterilirdi. Bayramlaşma sırasında padişah sadece Şeyhülislam'ın karşısında ayağa kalkardı.

Sultan Murat'ın tahtı oğluna bıraktığı da Şeyhülislam'ın fetvası ile açıklanmıştı. Önemli görevlerinden dolayı Şeyhülislam idam cezasına çarptırılamaz, tutuklanamaz ve hapsedilemezdi.

Tüm konular toplantıda hâlâ bitmemişti. Sadece kadıaskerlerinin konusu kalmıştı. Onlara ilişkin şer'i hükümler konuşulduktan sonra toplantı bitti.

Sultan Mehmet Divanhane'yi terk etti; ama kalemiye görevini[16] üstlenen Nişancı telaşlıydı. Divandan çıkarılan belgelerin üstüne padişahın nişanı olan tuğrayı basacaktı; ama o bir anda ortadan yok olmuştu. Etrafı iyice aradı, taradı; ancak ona dair hiçbir iz yoktu ortalıkta. Başdefterdar'a dert yandı.

---

[13] **Serdar-ı Ekrem:** Osmanlı devletinde padişahın katılamadığı seferlerde komutanlık yapan vezir i azam' a savaş sırasında verilen isim.
[14] **Tedris:** ders verme, öğretme, öğretim.
[15] **Kaza:** islam hukukunda yargı erki. İslam dininde, Kazâ, Allah'ın ezelde takdir buyurduğu olayların, zamanı gelince ilim ve iradesine uygun olarak meydana gelmesine verilen isimdir.
[16] **Kalemiye görevi:** Devletin her türlü yazışmalarını yerine getiren memurlar kalemiye sınıfını oluştururlardı. Kalemiye sınıfının görevi devletin malî ve mülkî işlerini yerine getirmekti.

"Tuğra kayboldu. N'yapacağız?"

"Telaşlanma. Divanda yapılan görüşmelerin kayıtlarını tutarak mühimme defterine kayıt yaparsın. Bu işleri bitirinceye kadar da tuğrayı buluruz."

"Ya bulamazsak!"

"Buluruz."

"Osmanlı Devleti'nde bütün mali işlerden ve hazineden sorumlu en üst görevli sensin," dedi Nişancı. "İç hazinede padişahın özel serveti ve değerli eşyalarını saklıyorsun. Bir başka tuğra yok mu?"

"Bildiğim kadarıyla şimdiye kadar tuğra hiç kaybolmadığı için bir ikincisine gerek duyulmadı."

"Veznedarbaşı[17] ile konuyu bir görüşsen."

"Tuğrayı mutlaka buluruz. Bu konuyu kendisiyle görüşmemize gerek yok," dedi Başdefterdar.

"Haksız yere suçlanmak istemiyorum. Haksızlığın başkasına ya da bana yapılması fark etmez. Mutlaka haksızlığın karşılığını vermek isterim. İftiraya uğrayıp haksız olmamak için o tuğrayı bulacağım," dedi Nişancı ve gerçekten de geceleyin onu divanhanenin halısının saçakları arasında buldu. Ertesi gün Başdefterdar'a anlattı.

"En sonunda buldum tuğrayı. Üzerimden büyük bir yük kalktı."

"Sen çok zekisin. Yaptığın işi iyi neticelendiriyorsun."

"Sonuçlandırılmamış işte neyin yanlış neyin doğru olduğunu göremeyeceğim için işin sonuna kadar giderim. Tuğrayı bulamasaydım aklımda pek çok soru işareti kalacaktı."

Günler hızla ilerlerken Sultan Murat Manisa'daydı. Oğlu tahta olduğu için huzurluydu. Osmanlı şehzadelerinin

---

[17] **Veznedarbaşı:** Piyasadaki sikkelerin ayarlarını kontrol eder sahteciliği engellerdi.

iyi yetişmesinin istiyordu. Kentte Saray-ı Amire olarak adlandırdığı bir saray inşa ettirmek için Mimarbaşı'nı Manisa'ya çağırdı. Ortaya çıkarmak istediği sarayın özelliklerini anlattı. Mimarbaşı da kente pek çok işçi getirerek kısa sürede inşaatı bitirdi.

Yapılan saray oldukça geniş bir alana yayılmıştı. Ellialtı dönümlük bir alan içerisindeydi. Saruhan Beyliği'nden kalan köşk, çevresindeki yapılar, üç hamam ve üç dönümlük alanı kaplayan saraçlar odası, altı dönümlük yeniçeriler odası on dönümlük lale bahçeleri ise doğu tarafındaki ahırların bitişiğindeki görevlilerin yaşadığı bölümlerle bütünleşmişti.

Mimarbaşı gerçekten tüm çevreyi kullanarak güzel bir saray inşa etmişti. Sarayın önü büyük meydana açılıyordu. Kuzey doğu tarafından duvarlarla çevrili Şehzadeler Sarayı'nın kapısı kuzeyde akşam güneşi batarken göz kamaştırıyordu.

Dört bir tarafı tuğladan yapılmış, dört köşeli kale gibi sağlam yapı lale bahçeleri ile çevrili olması insanın iliklerine işliyordu.

Sultan Murat Edirne'den bostancıbaşı ve bostancıları getirtip bahçenin her yanını tımar ettirdi. Düzenleme biter bitmez terekecibaşıyı çağırdı.

Edirne'den üç günde gelen adam çekinerek Sultan Murat'ın karşısına çıktı.

"Sarayın etrafındaki dönümlerden elde edilen mahsullerin geliri ile sen ilgileneceksin."

"Peki Hünkar'ım."

Mimarbaşı işlerin büyük bölümü bittiği için Edirne'ye dönecekti.

"Altın, gümüş kaplamalı çeşme ve fıskiyeleri yerleştirdikten sonra diğer işlerinin başına dönebilirsin."

Mimarbaşı kendisine söylenenleri tek tek yaptıktan sonra Edirne'ye döndü.

Aradan haftalar geçti. II. Murat'ın doğuda ve batıda barışı sağladığını düşünerek tahttan çekilmesi aslında bir otorite boşluğu yaratarak devleti buhrana sürüklemişti. Ayrıca dış siyasette ihtiyatlı davranmayı tercih eden Sadrazam Çandarlı Halil Paşa ile Mehmet'in etrafında toplanmış olan Şahabeddin, Zağanos, Turahan Paşalar arasındaki rekabeti Sultan Mehmet yaşı küçük olmasına rağmen çok net gözlemleyebiliyordu.

Avrupa devletleri de Osmanlı'yı parçalamak istiyordu. Çocuk yaşta bir padişahın tahta çıkması Avrupa'da yeni bir ümit doğurduğu için güçlerini birleştirmeye çalışıyorlardı. Büyük haçlı ordusu Roma'da toplanınca Avrupa devletleri Segeddin antlaşmasının kabul edilemeyeceğine kendi aralarında karar vererek hiç vakit kaybetmeden Haçlı seferi hazırlığına giriştiler. Büyük orduları yola çıkmak için hazırdı, sadece emir bekliyorlardı. Avrupa devletleri son kez kendi aralarında bir araya gelip Osmanlı'yı yok etmenin planlarını yaptılar.

Bu arada başkentte kendini Hurufilik konusuna adayan bir adam vardı ve taraftarı çoktu. İranlı halktan epey yandaş toplamıştı. Sultan Mehmet de İranlı'nın öğretisine ilgi duyduğu için ona ses çıkarmıyordu.

Müfti Fahreddin ve Sadrazam Halil Paşa adamın taraftarları ile güçlenmesinden hiç hoşnut değildi. Duruma tepki gösterince Sultan Mehmet adamın üzerinden desteğini çeker çekmez başkentte bir Hurufi katliamı yaşandı. Şehirde çıkan yangında bedesten ile birlikte 7.000 ev kül oldu. Ortalık bu kadar karışıkken Haçlılar çıkarları doğrultusundaki ordularını Osmanlı topraklarına çevirip harekete geçtiler.

Ağustos başıydı ve Kral Ladislas Osmanlı'larla yapılan barışı geçersiz sayarak yeni Haçlı seferini ilan etti. Bu haber başkent Edirne'de paniğe yol açtı ve halk düşman saldırısından korkarak kenti terk ederek evlerini terk etti. Macarlar, Polonyalılar, Eflaklar, Hırvatlar, Bohemyalılar, Almanlar ve Venediklilerden oluşan haçlı ordusu Tuna'yı geçerek Varna önlerine geldi. Mehmet'in yaşı çok küçüktü ve Osmanlı ordusunun başına geçecek tecrübeye sahip değildi.

Şehirdeki karışıklığı fırsat bilen Bizans Kralı da Konstantinopolis'te(İstanbul) himayelerinde olan ve Osmanlı tahtında hak iddia eden Orhan Çelebi'yi kışkırttı. Bizans'ın desteğini alan Çelebi Çatalca, İnceğiz ve Dobruca da isyan çıkardı. Şahabeddin Paşa zamanında isyanı bastırarak karışıklığı önledi; ancak Orhan Çelebi Konstantinopolis'e kaçtı.

Sadrazam Çandarlı Halil Paşa ve diğer devlet adamlarının ısrarı ile Sultan Mehmet babası II.Murat'ı tahta davet etti.

Sultan Murat kısa sürede Anadolu Hisarı'nın bulunduğu noktadan Rumeli'ye geçerek Edirne'ye geldi.

Fetva verilerek Sultan Murat'ın yeniden devletin başında olduğu herkese bildirildi. Sultan Mehmet ise tahttan çekilmemişse de fiilen padişah II. Murat'tı; ama Zağanos ve Şahabeddin Paşalar genç padişahın otoritesini güçlendirmek için Mehmet'i Varna Savaşı'na götürmek istediler.

"Padişah'ım Sultan Mehmet de bizimle gelsin."

"Olur, hem o da savaşı tecrübe etmiş olur," dedi Padişah Murat; ama Sadrazam Halil Paşa buna mani oldu.

"Hünkar'ım henüz o çok genç. Bizimle gelmesin."

En sonunda Sultan Mehmet babası ile sefere çıkamadı. Yola çıkan ordu ve başındaki padişah epeyi süre at sürdüler. Sadrazam Halil Paşa II. Murat'a gerçek padişah muamelesi yapıyordu. Sadrazamın bu tutumu diğer vezirlerin gözünden kaçmadı.

Sultan Murat haçlı ordusunu en kısa süre içinde geri püskürtmeyi planlıyordu. Yol boyu Selçuklular'ın bu orduya karşı kazandığı eski zaferleri düşündü. Özellikle Anadolu'nun Türk hakimiyeti altında kalmasını kesinleştiren savaş Selçuklular'la Bizans İmparatoru Manuel I. Komnenos arasında olmuştu.

Eskişehir yörelerinde yoğun bir şekilde çoğalan Türkmenleri geri püskürtmek isteyen Bizans Kralı Manuel, papaya bir mektup yazarak, zamanın yeni bir haçlı seferi için elverişli olduğunu ve Anadolu'dan geçen yolun kontrol altına alınarak Türkler'in Anadolu'dan gitmesi gerektiğini bildirmişti. II. Kılıç Arslan, bunu haber alır almaz bir elçi heyeti göndererek daha önce yapılan barış antlaşmasının yenilenmesini önermişti. Fakat imparator, Bizans'a yöneltilen Türkmen akınlarının durdurulmasını ve Türkmenler'in bölgeden gitmesini isteyince II. Kılıç Arslan haçlı ordusuna karşı sefer hazırlığına başlamıştı.

Kısa sürede atlı kuvvetleri Denizli'ye kadar gelip Bizans topraklarını ağır bir şekilde tahrip etmişti. Manuel Frank, Peçenek, Macar ve Sırp kuvvetleri bulunduğu büyük bir ordunun yolda olduğu duyumunu alır almaz yeni sefer hazırlığına girişerek haçlı ordusu ile birleşen kuvvetleriyle Anadolu Selçuklu Devleti'nin başkenti olan Konya üstüne yönelmişti. Kalabalık Türkmen kuvvetleri ve Kılıç Arslan, düşman ordusunu, dar ve sarp Miryokefalon vadisinde karşıladığı meydan savaşında, Bizans ordusunu ağır bir şekilde mağlub etmişti. Bu zafer sonucunda Anadolu'da üstünlük Türk Anadolu Selçuklu Devleti'ne geçmişti.

Sultan II. Kılıç Arslan da bütün İslam hükümdarlarına birer fetihname göndererek Bizans'a karşı kazandığı büyük zaferi müjdelemişti. Bu olayı anımsamak Sultan Murat'a güç verdi.

Yanında at süren vezire bu savaşı anlattıktan sonra şöyle devam etti.

"Miryokefalon Savaşı, Selçuk ve Bizans tarihinin dönüm noktalarından biri oldu. Türklerin, Malazgirt'ten sonra Bizans'a karşı kazandığı zafer sonucunda Bizans, Anadolu'da üstünlüğünü kaybetti. Bize karşı hazırlanan bu haçlı ordusunu yeneceğiz ve ismimizi bir kez daha tarihe yazdıracağız."

1444 yılının bitmesine yakın bir ayda böyle bir savaşın çıkması askerlerin soğukla da savaşmasına neden oluyordu. Günlerden 10 Kasım'dı ve kar her yeri kaplamıştı.

Kral Ladislas önderliğindeki Hıristiyan ordusu Tuna'yı aşmıştı, bir Venedik filosu da Çanakkale Boğazı'nı kapatmıştı. Varna'da iki ordu karşı karşıya geldi. Osmanlı ordusu turan savaş taktiği uygulayarak haçlıları büyük bir bozguna uğrattı. Haçlı ordusunun başında bulunan Kral Ladislas öldürüldü.

Sultan Murat Edirne'ye döndüğünde mutluydu. Daha önceki yenilgilerinin izleri ortadan kalktığı için yüreği bayağı rahatlamıştı. Türkleri Balkanlar'dan atma girişimi bir kez daha sonuçsuz kaldığı için haçlı ordusuna destek veren tüm devletler köşelerine çekildiler. Bu zaferin ardına Osmanlılar'ın Balkanlar'daki yerleşimi hızlandı.

Sultan Mehmet babasına savaşta kullandığı turan taktiğini sordu.

"Bu taktikle düşmanı sıkıştırmışsınız. Vezirler sizin taktiği çok iyi uyguladığınızı söylediler. Ben de bu taktikteki inceliği öğrenmek istiyorum."

"Orduyu üç kuvvete ayırdım. Ortadaki kısmın saldırıya geçmesiyle savaşı başlattım. Çatışmanın orta yerinde kuvvetlerim yenilmiş gibi aniden onları geri çektim. Bu da düşmanı şaşırttı. Ortadaki kuvvetin arkasına düşen düşmanı sağ ve sol kuvvet arkadan sarıp çember içine alarak düşman ordusunu bozguna uğrattım."

Sultan II. Murat savaştan sonra oğlunun konumunu Konstantinopolis'teki(İstanbul) Orhan Çelebi'ye karşı zayıflatmak istemiyordu. Sultan olarak oğlunu tahta bırakıp Manisa'ya geri çekildi.

Günler, aylar geçti. Sultan Mehmet büyüme çağında olduğu için birden boy atmıştı. Artık genç bir delikanlı olduğu için dikkat çekiyordu. Haremin güzel cariyelerinden olan Gülbahar'ı bir gün sarayın bahçesinde gördü. Onu daha önce gördüğünde de çok etkilenmişti. Bugün de aynı şey olduğu için akşam huzuruna çağırdı.

Zaman su gibi hızla akarken Sultan Mehmet Arnavut asıllı cariye Gülbahar'ı çok sevdi. Bir akşam üstü sarayın bahçesinde Sultan Mehmet genç kadına sevgisini dile getirdi.

"Güneşin rengi gözlerinin rengine karışıyor. Güzelliğini gökyüzü kıskanacak. Gözlerini seyrede seyerede su içiyorum. İçinde sanki çoban ateşi var."

"Sizin yanınızda mutluyum Sultan'ım," dedi Cariye Gülbahar.

"Senin neşe içinde olman öyle hoşuma gidiyor ki çocuklar gibi seviniyorum," dedi Sultan Mehmet.

Tam o sırada kumrular kondu yanı başlarındaki ağacın dalına. Sultan onlara tebessüm ederken Gülbahar'ın saçlarına beyaz bir kelebek kondu. Sevimli kanatlı böcek genç kızın güzelliğini pekiştirmişti.

"Doyumsuz bir düş seninle olmak. Mutluluk veriyor gülüşün çevrene," dedi Sultan Mehmet.

Sultan Mehmet'in annesi Valide Sultan Hüma Hatun her zaman oğlunun görüşlerine, isteklerine saygı duyuyordu; ama babası ise onun genç cariye ile evlenmesini uygun bulmuyordu; çünkü sarayda cariyelerle evlenme usulüne doğru bir evlenme sistemini Osmanlı sarayında istemiyordu; ancak Sultan Mehmet'in evlenme konusundaki ısrarını fark eden Çandarlı Halil Paşa bu durumu değerlendirmek isteyerek hemen Sultan Murat'ın tahta yeniden çıkması için çalışmaya başladı.

Aslında kendisi Sultan Mehmet'in İstanbul'u (Konstantinopolis) kuşatma planı yapmasından rahatsızdı ve kuşatmayı istemiyordu. Diğer paşalar da Sultan'ı desteklerken kendisi yalnız kalıyordu. Çandarlı Halil Paşa kendi gücünü zayıflatacağı düşüncesiyle bu saldırıya karşı gelmek isteyerek Sultan Murat'a oğlunun hem cariye ile olan ilişkisini hem de İstanbul'u kuşatma fikrini bildirip kendisinin onu desteklemediğini bildiren bir mektup yazdı ve mektubu Manisa'ya gönderdi. Ardından da Sultan Mehmet'in yandaşı olan Zağanos ve Şahabeddin Paşalar'ın da bu kuşatma planını desteklemesini engellemek için bir yeniçeri isyanı düzenleyerek Sultan Mehmet ve yandaşlarını iktidardan uzaklaştırdı.

Sultan Murat'ın yeniden tahta geçmesi üzerine Mehmet, Şehzade olarak Manisa'ya gidecekti. Babası Gülbahar ile beraberliğine karşı olduğu için de onu yanında götürmeyecekti.

1446 yılının Mayıs ayıydı. Mehmet sevdiği kadının yanına varıp yakında her şeyin düzeleceğini söyledi. Gülbahar çok üzgündü.

"Bir kuş misali girdin hayatıma ve bir kuş misali gidiyorsun ardına bakmadan."

"Devlet işleri daha önemli. Edirne'ye geldiğimde görüşürüz bol bol," dedi Şehzade Mehmet.

Bahçede birbirlerine veda ederken yaz yağmuru başladı.

"Siz gidince hicranım kalacak yağmur tanelerinde, yaz yağmuru insanları sevindirir; ama bana uğur getirmedi. Anlatmak istediklerimi bile sana doğru dürüst söyleyemeden gideceksin."

"Sen dünyaya gelecek şehzadelerimin annesi olacaksın. Seni seviyorum. Seninle ne zaman başbaşa kalsam gözlerin bana her şeyi unutturuyor. Hüznümüz yalnız kuşlar gibi kanat çırpıyor bulutlara. Yakında her şey düzelecek. Kal sağlıcakla," dedi Şehzade Mehmet.

Sultan Murat oğlu Edirne'den ayrılır ayrılmaz Gülbahar Hatun'u Edirne'ye bağlı Dimetoka'daki saraya gönerdi.

Altıncı Bölüm

Özgüvensiz savaşçı kendini genellikle aşırı ciddiye alır

Sultan Mehmet Manisa'ya gelince çok şaşırdı. Babası çok güzel bir saray inşa ettirmişti. Duvarlarla çevrili bahçe öyle ağaçlarla dolu bir yer olmuştu ki kendisinin cennette olduğunu düşündü. Çiçeklerin güzel kokuları iliklerine işlemişti. Sultan Murat yüz bin çiçekten fazla çiçekli bitkinin burada yetişmesini sağlamıştı ve sanki cennete eş olarak bir bahçe yaptırmıştı.

Aradan birkaç gün geçti. Kendisi de bahçeyi tarhlarla süsleyip yüzbinlerce meyve fidanı, çınar, kavak, servi ve salkım söğüt ağaçları getirterek sarayı biraz daha güzelleştirmek için kolları sıvadı. Sultan Mehmet'in çabasıyla da saray daha bol ağaçlıklı, gölgelikli bir saray oldu.

Sarayın girişindeki onaltı köşeli, kubbeli yapı olağanüstü güzellikteydi. Bir gün Sultan Mehmet buradan ağır ağır geçerek sarayın diğer bölümlerine geçti. Soldaki avluda sokak ile bağlantılı yüksek duvarda garip bir şekil gördü. Dikkatli bakınca onun kasır olduğunu fark etti. Aslında kapının üzerindeki küçük kasır çok şey anlatıyordu.

Birkaç ay sonra Sultan Murat'ın tavsiye ettiği Dulkadiroğlu Süleyman Bey'in kızı Sıttı Mükrime Hatun ile Şehzade Mehmet 15 Aralık 1446 da evlendi. Kendisi onbeş, eşi 11 yaşındaydı. Düğün sonrası sarayda büyük bir ziyafet verildi. Ham ipekten yapılmış elbise giyen Mükrime Hatun yaşı küçük olmasına rağmen çok güzeldi ve yaşından daha büyük gösteriyordu. Elbisesinin atkısı bükümlü iki ipek telli ve klaptanlıydı[18].

---

[18] **Klaptan:** Eğirme çarkı ile sarılan sırma veya tel ile karışık pamuk iplik

Aradan iki ay geçmişti. Bir gün Sultan Mehmet'in sancağına çocukken hocalığını yapan Akşemseddin geldi. Saçı ve sakalının ak olması sebebiyle Akşemseddin lakabıyla ünlenen adam Mehmet'i çok seviyordu.

Güzel bir akşam yemeğinin ardına Hoca Akşemseddin yarım bıraktığı eğitime devam etmesi gerektiğini söyledi.

Ertesi gün yeniden Sultan Mehmet ders almaya başlayacağı için heyecanlıydı. Mehmet'in üzerinde ince ipekten sık dokunmuş düz renkte sert ve parlak kumaştan yapılmış bir kaftan vardı.

Birlikte dershaneye girdiler. İçerisi çok fazla güneş ışığı almadığı için soğuktu. Hizmetliyi çağırıp ocağı yaktırdı Şehzade Mehmet. Saat onbir gibi ders başladı.

"Hocam siz çok şey biliyorsunuz. Ne zaman başladınız eğitiminize?"

"Küçük yaşta tahsile başlayıp Kuran-ı Kerimi ezberledim. Babam bir alim ve veliydi. Onunla yedi yaşında Anadolu'ya geldim. Genç yaşta akranlarımdan daha hızlı üst mertebelere çıktım. Osmancık'ta bir müddet müderrislik yaptıktan sonra eğitimde ilerlemek için Ankara'da yaşayan Hacı Bayram-ı Veli'ye talebe oldum. Ondan tasavvuf yolunun tüm inceliklerini öğrenerek icazet aldım. Hocam bana tıp ilminde de ilerlememi söyledi. Bulaşıcı hastalıklar üzerinde çalışırken ilginç sonuçlar ortaya çıkardım."

"Hastalıklar nasıl ortaya çıkıyor?"

"Bulaşıcı hastalılar gözle görülemeyek küçük canlıların insandan insana geçmesi ile ortaya çıkıyor. Ben bunu keşfetmeden önce hastalıkların insanlarda birer birer ortaya çıktığı sanılıyordu. Bu konu üzerine çok gittim. Hastalıkların hangi bitkilerden hazırlanan ilaçlarla tedavi edileceğine dair formüller ortaya çıkardım."

Uzun bir süre aralarında sessizlik oldu. Mehmet'in aklı ileriye yönelik yapacağı çalışmalardaydı.

"İstanbul'un fethini düşünüyorum."

"Büyük dedelerin ve baban İstanbul'u kuşattı; ama başarılı olamadı."

"Bunu bildiğim için bazen düş kırıklığına uğramaktan korkuyorum."

"Sana peygamberimizin hadisi şerifini hatırlatayım," dedi Hoca Akşemseddin.

"İstanbul muhakkak fethedilecektir. Bu fethi yapacak hükümdar ve ordu ne mükemmel insanlardır."

"Bu hadisi bana daha önce de hatırlatmıştınız. Bu sözler kalbime güç veriyor."

Hoca Akşemseddin öğrencisine bakarken gözleri dalgınlaşan Mehmet iç çekip şöyle dedi.

"Sürekli fethi düşünüyorum. Yıllardır gece gündüz doğru düzgün uyuyamıyorum. Hep bu fethi gerçekleştirmek istiyorum."

"Sen bu işi ilerde başaracaksın. Biraz sabırlı olmayı öğrenmen lazım."

"Sabırlı olmam için ne tavsiye edersiniz?"

"İnsan hayatı boyunca yaşadıklarını tekrar eder. Hoşlanmadığın bir olay karşısında boyun eğersen aynı olaya hep boyun eğeceğini bilmelisin."

"Bu korkunç! Böyle bir şeyle karşılaşmak istemem."

"Yaşadığın her durum sonsuz kez tekrarlanacağı için öyle bir yaşamalısın ki boyun eğmeden ömrünü sürdürmelisin."

"Olumsuzluk karşısında başımı yere eğmemek için dikkatli olmalıyım. Ancak böyle yaşarsam başarılı olurum değil mi?"

"Evet."

"Kısaca başarının formülü size göre nedir?

"Kendi omuzlarına tırmanırsan sonsuz tekrarların hep sana başarı getirir," dedi Hoca Akşemseddin, sonra izin isteyip ayrıldı yanından.

Çıtır çıtır ocak yanıyordu. Öyle bir harman olmuştu ki yalım halkası büyüdükçe büyüyordu. Neredeyse beş adam boyu yalım bir çerçeve. Sultan Mehmet ocağı süzerken alev bakışlarını sımsıkı sardı. Dakikalarca ne bir yere gitti, ne bir başka yere baktı. Ateşin harı azalınca yalım halkası küçüldü ve Mehmet hava almak için avluya çıktı. Dolaşırken ulaktan bir mektup geldiğini öğrendi. Ablası Edirne'den yazmıştı. Kocası Zağanos Paşa için babası Sultan Murat ile görüşmesini istiyordu.

Zağanos Paşa'yı düşündü bir an. Ondan çok şey öğrenmişti. Ayrıca onu epeyidir görmediği için özlemişti de. Bir hafta sonra paşanın sürgün olduğu Balıkesir'e gitmeye karar verdi.

Şehzade Mehmet, Balıkesir'e geldiği zaman, Zağanos Paşa'nın nerede çalıştığını öğrenmek için subaşını çağırdı.

"Zağanos Paşa'nın çalıştığı yeri öğrenip hemen geleceğim," diyen adam yere eğilerek selam verip ayrıldı.

Subaşını beklerken Mehmet Osmanlı Devleti'ndeki eyaletleri düşündü. Salyaneli[19] ve salyanesiz olmak üzere

---

[19] Salyaneli Osmanlı Devletinde eyaletler Salyaneli ve Salyenesiz olmak üzere ikiye ayrılıyordu. Salyaneli (Yıllıklı) Eyaletler: Bu eyaletlerde tımar sistemi uygulanma, vergiler yıllık olarak toplanırdı. Mısır, Habeş, Bağdat, Basra, Yemen, Tunus, Cezayir, Trablus salyaneli eyaletlerdendi. Salyanesiz (Yıllıksız) Eyaletler: Tımar(dirlik) sisteminin uygulandığı eyaletlerdir. Bu eyaletlerdeki topraklar has, zeamet ve tımar olarak ayrılmıştır. Merkeze yakın eyaletlerdir.

ikiye ayrılan eyaletleri yeniden Sultan olduğu zaman düzenlemek istiyordu. Salyaneli eyaletlerde tımar sistemindeki vergiler yıllık olarak toplanırken salyanesiz eyaletler, geleneksel tımar sisteminin uygulandığı eyaletlerdi.

Aradan yarım saat geçmişti. Zağanos Paşa'nın nerede çalıştığı bilgisi gelince Mehmet dışarı çıktı. Kapıda devlete ait çıkarları korumakla görevli Beytülmal Emini ile karşılaştı.

"Efendim hoş geldiniz."

"Hoş bulduk."

"Kabul buyurursanız sizi ziyarete gelmiştim."

"Şimdi işim var. Dışarı çıkıyorum. Daha sonra geliniz."

"Peki efendim."

Arabasına Şehzade Mehmet bindiğinde Lala'nın bizzat camii yapımında çalıştığını, sırtında taş taşıdığını öğrendi. İnşaası devam eden yapıya gelir gelmez arabadan indi. Lala'sını göreceği için çok heyecanlıydı.

Hocası sırtına büyük bir taş almıştı; haline üzüldü Mehmet. Uzaktan onu izlerken taşı Paşa iskeleye koydu. Adam kan ter içindeydi. Arkası Mehmet'e dönük olduğu için öğrencisini fark etmemişti.

"Kolay gelsin Zağanos..."

Zağanos Paşa sesi duyar duymaz olduğu yerde öylece kaldı. Arkasını dönmeden olduğu yerde konuştu.

"Mehmet, gelmiş." Birden geriye döndü.

"Beni hemen tanıdın!" dedi Mehmet ve hocasına sarıldı.

Zağanos Paşa gülümsüyordu.

"Tanımaz olur muyum?"

"Artık sürgün olarak burada çalışmaman için babama mektup yazacağım. Bundan sonra hep yanımda duracaksın."

Zağanos Paşa bu habere sevindi. Bir ay sonra af çıktı ve Paşa ailesini alarak Manisa'ya geldi.

Mehmet bir gün sarayın bahçesinde dolaşırken Zağanos'un eski Rum eşinden olan kızı Kornelya'yı gördü. Genç kız olmuştu. Epeyidir onu görmediği için büyüyüp serpildiğini bilmiyordu.

Çözgüsü ipek, atkısı ipek ve iplik karışığı sık dokunmuş hareli kumaştan bir elbise giymişti Kornelya ve güzelliği ile göz kamaştırıyordu.

"Kornelya güzelliğinden büyülendim."

Genç kız da iltifat edici sözlerden çok hoşnut kalmıştı. Zaten çocukluğundan beri Şehzade Mehmet'e hayrandı.

"Sen karşımda salındıkça sanki bahçedeki ağaçlar, çiçekler titreyip etekleri dans ediyor," dedi Mehmet ve epeyi sarayın bahçesinde Kornelya ile dolaştı.

Bir ay sonra Şehzade Mehmet Kornelya ile evlendi. Ancak bu durum saraydaki birinci eşin yüreğinde kıskançlık rüzgârları estirince kendi sıkıntılarını paylaşabileceği Gülbahar'ı düşündü. Onun da Manisa'daki sarayda yaşamasını istiyordu ve Şehzade'ye arzusunu söyledi. O da epeyidir bu konuyu düşündüğünü ama babasının uygun bulmadığını belirtti.

Bir gün Sitti Sultan, Kornelya ile kavga etti. İki kadının arası kavgadan sonra hiç düzelmedi. Sitti Sultan bir gün dayanamayıp içindekileri eşine dökmek istedi. O kocasını çok seviyordu ve onu başka kadınla paylaşma fikri içini eziyordu. Ruhunda fırtınalar eserken eşine şöyle dedi.

"Efendim sizinle evlenerek öyle bir savaşa girdim ki işin içinden çıkamıyorum. Hem de yıllarca sürecek bir savaş bu."

"Ne diyorsunuz, hiçbir şey anlamıyorum!"

"Hiç bitmeyecek savaşın galibi hep siz olacaksınız efendim."

"Savaş mı?"

"Evet."

"Ne savaşı?"

"Aşk savaşı."

"Sen çıldırmış olmalısın."

"Size karşı duyduğum sevgi beni çıldırttı. Başka kadınla sizi paylaşmak içimde fırtınalar kopartıyor."

"Senden önce Gülbahar'ı sevdim. Ondan hiç böyle sözler duymadım. O olaylara duygusal değil, daha mantıklı yaklaşıyor."

"Ben onun adına da üzülüyorum aslında."

"Neden üzülüyorsun?

"Ben ve diğer eşleriniz aşk savaşında hep yenilen olacağız. Sizin silahlarınız daha güçlü bizden."

"Daha mı güçlü?"

"Evet," dedi kadıncağız. "Sizi kimse ile paylaşamayacak kadar çok seviyorum. Aşk savaşının sonunda yenilgi de olsa sizin için savaşmak güzel."

"Sizi hiç anlamıyorum Sitti Sultan."

"İnsan aşk savaşında savunmasızken görkemli silahlara dayanabilir mi? Dayanamaz elbet," dedi kadıncağız. "Ama aşkın meydan savaşında sizi kaybetmemek için savaşacağım ve sizin için savaşmanın çok güzel olduğunu şimdi daha iyi anlıyorum. Bu belki kalbimdeki fırtınaları dindirecek."

Eşi ile olan konuşması Sıttı Sultan'ı rahatlatmıştı. İpek ve klaptanla dokunmuş sert kumaştan yapılmış elbisesinin etek uçlarını tutarak salondan çıktı.

Dingin, durgun birinci eşinden böyle sözler duymak Şehzade Mehmet'i düşündürmüştü. Aynı duyguları yıllar önce Gülbahar'a duyan Mehmet, Sıttı Sultan'ın duygularını aslında anlayabiliyordu.

Şimdiye kadar işinde gücünde olan ilk karısı aşk savaşı içinde olduğu için kısa sürede değişip farklı biri olmuştu. Ondaki bu değişimi daha önce fark edememek bir müddet aklından çıkmadı. Uzun zamandır tanımasına rağmen gözlerindeki fark ettiği hırs bayağı şaşırmasına sebep olmuştu.

Sitti Sultan'ın dinginliğinin, sözlerinin, eylemlerinin böyle birden şıp diye değişmesi, hem de bu kadar kısa süre içinde değişmesi ayrıca onu günlerce bayağı düşündürmüştü.

Epeyi zaman geçti. Manisa'da Mehmet'in geçirdiği ikinci şehzadelik devresi hocalar eşliğinde geliştiği için kısa zamanda çok bilgi öğrendi. Mehmet'in her konuda bilgi sahibi olması gerek şahsi, gerek Osmanlı Devleti için çok verimli ve faydalı oluyordu. Şahsiyetini olgunlaştıran ciddi bir çalışma ve fikir faaliyeti içinde bulunan Mehmet artık çok donanımlıydı.

Sene 1448 yılının başlarıydı. Şehzade Mehmet bir gün Edirne'ye gitti. Cariye Gülbahar'ın Dimetoka sarayında yaşadığını öğrenince babasından habersiz sevdiği kadının yanına vardı; iki sevgili hasret giderdi.

"Babanız benimle resmi olarak evlenmenize karşı."

"Sen ilerde haseki sultan olacaksın."

"Sizi seviyorum Şehzade'm. Ne güzel gözlerinizin içi gülüyor."

"Çevremdekiler de benim neşeli olduğumu söylüyor; ama ben öyle olup olmadığımı bilmiyorum. İçimde devamlı fırtınalar olan biriyim. Hiç kimse bu fırtınaları görmediği için beni mutlu zannediyorlar. Bence hayatın en büyük mucizesi sevgi, ilerde Edirne'deki saraya Sultan Mehmet olarak geleceğim. Sarayın içinde sen de olacaksın, senin olduğun yerde sevgiden başka hiçbir şey olamaz."

"Şehzade'm siz bana gelince gönlümdeki buzlar eridi, sanki içinde ilkbahar rüzgârları esiyor."

İki gün Dimetoka'da kaldıktan sonra Şehzade sevdiğine veda edip Manisa'ya döndü.

Aradan birkaç ay geçti. Akademik bir faaliyet devresi içinde olan Mehmet tecrübeli hocaların refakatinde bilgisini felsefe ve riyaziye[20] konusunda da geliştirdi. Akşemseddin döneminin önemli iki dili olan Arapça ve Farsça'yı ana dili gibi öğrenmesi konusunda çok ısrarlı davranıyordu. O da bu yıl yabancı dil konusunda eğitim almak için saraya hocalar getirtti.

İlk dersin sonunda Arapça Hocası şöyle dedi.

"Dil konusunda çok yeteneklisiniz. Latince, Yunanca ve Sırpça'yı da çok kolay öğrenebilirsiniz."

Kendisine söylenen her tavsiyeyi Şehzade Mehmet yerine getirip birkaç dilde uzmanlaştı. Tarih, coğrafya ve askerlik bilgisine de iyice hakimdi.

Bir gün dünya cihangirlerinin biyografilerini incelemek için ülke dışından kitaplar getirtip onları dikkatle araştırdı. Her birinin doğru ve yanlış tutumlarını öğrenmek istiyordu.

Günler geçti. Ortalık çok karışıktı. Sonbaharın ortalarında Sırplar ve Macarlar yeniden Osmanlı topraklarına saldırmıştı. Kral Jan Hunyad, düşman kuvvetlerinin başındaydı. Sultan Murat savaş hazırlıklarına başlayıp ekimin on beşinde sefere çıkılacağını oğlu Mehmet'e bildirdi.

---

[20] Riyaziye:

Şehzade Mehmet oyalanmadan yanına askerlerini yanına alıp Edirne'ye geldi. Böylece Macarlar ile yapılan II. Kosova Savaşı'nda babasına Anadolu birliklerinin önderliğinde eşlik ederek ilk defa bir savaşta yer aldı.

Sultan Murat üç gün süren savaşın sonunda 19 Ekim 1448 de turan savaş taktiği kullanarak Jan Hunyad'ı ve ordusunu ağır bir yenilgiye uğrattı.

Zafer sonrası Mehmet Manisa'ya döndü. Ege Denizi'nde Venedikliler çok başına buyruk hareket ediyorlardı. Türk korsanları Ege'deki Venedikliler'e saldırınca sancak beyi olan Mehmet ileriye yönelik çok planları olduğu için gelişmelere göz yumdu. Bu arada Edirne Dimetoka'dan haber geldi. 3 Aralık günü Gülbahar Hatun bir erkek çocuk dünyaya getirdi. Apar topar Dimetoka sarayına giden Şehzade Mehmet oğluna Bayezıt adını verdi.

"Tıpkı bir meleğe benziyor," dedi Gülbahar.

"Evet benim oğlum ilerde Osmanlı topraklarını yönetecek."

"Anne olmak güzel bir duyguymuş. Sesini duydukça rahatlıyorum. Ingalama sesi alev alev yanan yüreğime su serpiyor."

Bir ay Edirne'de kalan Şehzade Mehmet Manisa'ya döndü. Bebek büyüdüğünde Gülbahar'ı ve oğlunu yanına alacaktı.

Şehzade Mehmet 1449 yılının ilk ayında Selçuk'ta kendi adına para bastırdı. Zaman su gibi akarken ağustos ayında annesinin aniden hastalandığını öğrendi ve Edirne'ye gitti. Kadıncağızın durumu çok ağırdı. Eylül ayında Hüma Hatun vefat etti.

Sultan Murat, Bursa'da Muradiye Câmii'nin şark tarafındaki bahçeye türbesi yapılmasını emir verdi. Câmiden yüz metre kadar ilerde annesinin kabri hazırlanırken bizzat Mehmet türbenin inşaası ile ilgilendi.

1450 yılının yaz günü üvey annesinden Şehzade Mehmet'in, Ahmet Çelebi adında kardeşi oldu. Bir ay sonra da Gülbahar Hatun Gevher Hatun adlı kız çocuğu dünyaya getirdi.

Sultan Murat, küçük oğlunun dünyaya gelmesinin ardından Arnavutluk seferi için hazırlık yaptı; ancak Anadolu'da yer yer karışıklıklar olmaya başlamıştı. Bu yüzden Şehzade Mehmet'i İskender Bey üzerine yapılacak sefere komutanlık etmesi için görevlendirdi. Kendisi de Avrupa seferleri için orduyu hazırladı; ama Anadolu'daki seferin başarısızlıkla sonuçlanması planlarını erteledi.

Seferin olumsuz neticelenmesi Şehzade Mehmet'i üzmüştü. Devletin, gelecekteki ihtiyaçlarını karşılamak yolunda kendini gereği gibi hazırlamak için gece uyumadı, gündüz dinlenmedi ve bir nefesini dahi boş geçirmeyerek biraz daha hesaplı, disiplinli ve sistemli çalıştı.

Aradan altı ay geçti. II. Mehmet, Manisa'da sancak beyi görevini sürdürürken babası, Edirne'de hastalandı.

Ömrünün sonuna geldiğini düşünen Sultan Murat'ın içi karmakarışıktı. Bazen geçmişi düşünüp seviniyor, bir sevinç dalgası yüreğini yalayıp geçiyordu; bazen de bir acı, dehşet bir ağrı oluyordu yüreğinde.

Katıldığı savaşlar onu yormuştu. Kanı akmış, tozun içinde kalmış, eli bir yanda, ayakları bir yanda savaş meydanlarındaki cesetlerin üzerindeki sessiz yeşil sinekleri hatırlayınca içi bulandı.

Günler geçti ve Sultan Murat'ın hastalığı bir hafta içinde giderek arttı. Yüzü davul gibi şişmiş, sarı bir su akıyordu gözlerinden. Hekimler tedavi için elinden geleni yaptı; ama o giderek kötüleşip kendini toparlayamadı. Salı günü vezirlerini yanına çağırdı. Düşüncelerini toparlamakta zorlanıyordu. İçinden söylendi.

"Ölümüm yaklaştı Allah'ım! Gözlerimi kaparken veli kullarından birini bana gönder ki yardım etsin."

Ellerini yattığı yerden yumruk yapıp gücünü toplayıp vezirlere şöyle dedi.

"Ben ölüyorum! Şehzade Mehmet'i buraya getirin, tahta çıksın. O gelmeden ölürsem ölümümü gizli tutun."

Vezir-i azam Çandarlızâde Halil Pasa, bu ölümü gizli tutarak durumu Şehzâde'ye bir ulakla bildirmek için bir mektup yazdı.

Ulaklar genellikle Tatarlar'dan seçilirdi; gizliliğe çok önem verdikleri için ağızlarından tek kelime kaçırmazlardı. Ayrıca varacakları yere çok hızlı giderlerdi. Edirne'den yola çıkan ulak Tatar, güçlü kartal gibi uçarak iki gün içinde ölüm haberini Manisa'ya getirdi.

Mühürlenmiş mektubu Şehzade Mehmet açtı. Mektubun sonunda Vezir-i azam Halil Paşa'nın ve diğer vezirlerin mührünü gördü. Vakit kaybetmeksizin komşu milletlerce babasının ölümü duyulmadan evvel, Edirne'ye gelmesini yazmışlardı.

Şehzade Mehmet, süratli koşan Arap atını alıp saray erkânına seslendi.

"Edirne'ye gidiyorum. Gelmek isteyen arkamdan gelsin!"

Okçular ve çabuk yürüyenler, kılıç takınanlar ile mızraklı süvariler kabalık halinde peşinden gitti.

Boğaz'a varınca durdular. Kafile küçük molanın ardına Gelibolu'yu geçecekti. Mehmet, Edirne'deki saraya yolda olduğunu bildirmek istiyordu. Ulakla haber saldı. Gelen haberle vezirler, beylerbeyiler, sancakbeyleri, ulema ve ordu Edirne girişinde hazır vaziyette bekleyişe geçti.

Sultan Mehmet'in yanında Şehabeddin Paşa vardı.

"Süratli bir sekilde ilerlememiz gerekiyor. Bizans'ın boğazı kesme ihtimali var. Babanın ölümü hâlâ gizli tutuluyor; ama durumu biliyorlarsa Şehzade Orhan'ı Rumeli'de serbest bırakıp ortalığı karıştırabilirler."

"Haklısın," dedi genç padişah.

Gelibolu'yu ertesi gün sabaha karşı geçmeyi başarınca rahatladılar. Tehlikeli yolun büyük bir kısmı aşılmıştı. Telaş ve endişeye kapılmadan yola devam ettiler. Kafilenin Trakya topraklarına girdiği duyulur duyulmaz yeni padişahın tahta çıkacağı halka duyuruldu. Fakat Edirne'de yeniçeri ayaklanması oldu. Sur dışında toplanan yeniçeriler şehri yağmaladılar. Çandarlı Halil'in olaya hakim olması ile isyan bastırıldı. Vezir-i azam ordu içinde büyük otoriteye sahipti. Güçlü ve enerjik kişiliği ile büyük bir kargaşayı önledi. Halil Paşa genç Sultan, gelmeden yeniçerileri ve kapıkulu askerlerini toplayıp konuştu.

"Kendinize çeki düzen vermezseniz kılıçtan geçirileceksiniz!"

Açıklamaları bittikten sonra da yeni sultanı beklemelerini emretti. Sultan Mehmet de 18 Şubat'ta tahta oturur oturmaz yeniçerilerden sadakat yemini aldı. Konuşma bittikten sonra babasının vezirlerini çağırdı.

"Tez Anadolu ordu komutanları ile yola çık İshak Paşa. Babamın Bursa'ya defni için hazırlıklar yapılsın. Anadolu Beylerbeyi de size eşlik etsin."

Vezirler, Sultan Mehmet'in önünde koşarak usûlleri vechiyle elini öptüler. İshak Paşa da Sultan Murat'ın cenazesini alarak birçok eşrafla beraber Bursa'ya giderek cenazeyi kendisinin düzenlettiği türbeye defnetti. Fakirlere de pek çok paralar dağıttı.

Sultan Murat'ın zamansız ölümü ve oğlunun tahta geçmesi devletin iç ve dış siyasetinde bir çalkantı yarattı. Sultan Mehmet ise her şeyin yakında yoluna gireceğini düşünüyordu.

Bir gün genç Sultan ata binerek sokakları dolaştı. Şehirlerin, köylerin, aşiretlerin ileri gelenlerine ayân ve eşraf denilirdi. Bu kişiler bulundukları yerlerde en etkili ve zengin kişilerdi. Öğle vakti bir ayânın evine Sultan Mehmet misafir oldu.

Konak taş duvar ve sıvayla örülmüş ahşap iskelet sistemi ile yapılmıştı. Kıbleye dönük olan namaz odasına giren Sultan Mehmet ibadetini yaptı. Odadan dışarı çıkarken dolaplara gözü takıldı.

"Kim bilir içlerinde ne kıymeli şerbet kapları, bardaklar, tabaklar, şık havlular, örtüler, leğenler, ibrikler vardır," dedi içinden.

Sultan Mehmet misafir odasının baş köşesine oturdu. Sıra denen rafların üzerinde paha biçilmez porselenler vardı. Kalınca yapılmış duvarın içindeki ocağa ev sahibi birkaç odun atıp tutuşturdu. Gerçi içerisi soğuk değildi; ama yanan ateş sımsıcak Padişah'ı sardı. Yemek yedikten sonra hole geçip ellerini yıkadı. Ellerini kurularken gözü karşıdaki oturma odasına takıldı. Çepeçevre saran tahta sedirin üzerinde sarı renkli kedi uzanıyordu. Oldum olası Sultan Mehmet kedileri severdi.

Yüzünü de iyice kuruladıktan sonra bir iki adım attı. Evin harem ve selamlıkları büyük kapılarla avluya açılıyordu. Bahçe kısmındaki avluya geçtiler. Küçük havuzun ortasında mermer taş döşeli çeşme vardı. Havuz etrafındaki çardak çok güzeldi ve asma ile sardırılmıştı. Ayân, Sultan Mehmet'i rahat ettirmek için elinden gelen her şeyi yapıyordu.

İstanbul mutlak fethedilecektir.
Onu fetheden komutan ne güzel komutandır.
Onu fetheden asker ne güzel askerdir.

Hz. Muhammed (s.a.v)

Yedinci Bölüm

Düşmanla karşılaşan yetersiz savaşçının en büyük hatası mücadelesini dayandıracak bir taktik kuramamasıdır

Akşam saraya dönerken Sultan Mehmet kentin en neşeli insanları olan çingeneleri gördü. Erkeklerinin ne iş yaptığını yanındaki Hasodabaşı'na sordu.

"At arabacılığı yanında kap kacak kalaylıyorlar Hünkar'ım."

"Çingeneleri severim. Çok doğal insanlar."

Saraya doğru ilerlerken bir müddet sessizlik oldu. Sultan'ın gözü Edirne'nin güzel evlerine takılmıştı.

"Tez saraya varınca Edirnekâri[21] ustası bul bana. Ormana yakın yere av köşkü yaptıracağım. Köşkün tavanını, dolap kanatlarını, sandıklarını, raflarını hep bezesin."

"Peki Hünkar'ım."

Aradan onbeş gün geçti. Sultan Mehmet ileriye yönelik büyük planları vardı. İstanbul'u almayı çok istiyordu. Amacına ulaşmak istediği için komşu milletlerle iyi geçinmek istiyordu.

Ülkenin içinde de siyasi bir karışıklık istemediği için düşmanları ile olan eski antlasmaları yenilemeyi uygun gördü; ancak genç hükümdarın bu davranışı, Avrupa devletlerince yanlış değerlendirildi. Hatta hakkında yanlış fikirler beslediler. Devletlerle olan antlaşmaları yenilemesi ve yabancı devletlere karşı yumuşak bir tavır içinde olması Avrupa devlerini çok memnun etti.

---

[21] Edirnekâri:Edirne işi süsleme sanatı.

Manisa'ya babası zamanında şehzade olarak geri gönderilmesine de Avrupa'da o zaman acele hükümler verilmişti, bu yüzden onu yeteneksiz bir Padişah olarak tanıyorlardı.

Bizans'ta da Sultan Murat'ın ölümü ve Sultan Mehmet'in tahta çıkması büyük bir memnuniyet uyandırmıştı. Genç Sultan'ın beceriksiz olduğunu düşündükleri için Osmanlı Devleti'nin kendiliğinden sona ereceğini düşünüyorlardı. Avrupa'da tekrar kök salmaya başlayan bu fikrin yayılmasını aslında Genç Sultan istiyordu. Yumuşak tavrını göstererek böyle bir düsüncenin meydana gelmesi onun geleceğe yönelik planlarını gerçekleştirmede yardımcı olacaktı.

Avrupa'daki pek çok devlet Osmanlı'nın kolay lokma olduğunu düşünürken Franciccus Phlelphus bu düsünce ve fikirde değildi. Sultan Mehmet'i güçlenmeden tahtan uzaklaştırma arzusundaydı. Onda büyük bir savaşcı ruhu olduğuna inanıyordu. Osmanlılar ile ilgili görüşlerini kaleme aldığı mektupla Fransa kralı VII. Charles'a bildirdi. Phlephus, Fransa kralına Haçlı ordusu kurup Hiristiyan devletlerin başına geçip Osmanlılar'ın üzerine yürümesini ve Genç Sultan'ı tahtan uzaklaştırmasını bildirdi. Fransa kralı ona inanmadı. Ona göre Osmanlıların kudreti çoktan yok olmuştu. Çünkü Osmanlı ordusunun başında harp görmemiş, tecrübesiz bir sultan vardı. Phlelphus, Kralın tutumunu öğrenince bizzat ziyaretine gitti. Sultan Mehmet'in yumuşak tavrına inanmamasını söyleyerek Hiristiyan ordusunun bir günde Tarent'den Peleponez'e geçeceğini, Mora Despotları'nın da bütün kuvvetleriyle bu orduya katılacağını bildirip Arnavutlar'la, İtalyanlar'ın bu orduyu destekleyeceğini ileri sürdü. Fransa Kralı tam olarak ikna olmamıştı ve çok kısa bir zamanda Türkler'in Avrupa'dan kovulacağını, hatta Asya'da Müslüman hakimiyetinin yok olacağına inandı.

"Phlelphus haklı olabilirsin; ama biraz bekleyelim. Gelişmeleri gözlemledikten sonra gerekeni yaparız," dedi kral.

Olaylar Avrupa'da bu şekilde gelişirken Sultan Mehmet bir gün kenti dolaşmaya çıktı. Edirne çok parlak bir ticaret merkeziydi.

Mısır'dan, Ege adalarından, İzmir'den, Anadolu'dan gelen arpa, buğday, mısır Enez'e gelir, nehir yoluyla küçük gemilere yüklenerek Edirne pazarlarında satılırdı. Sultan Mehmet pazara yaklaşınca durup uzaktan baktı. Çok kalabalık olduğu için oraya gitmekten vazgeçti. Dedesi Çelebi Sultan tarafından Mimar Alaaddin'e yaptırılan bedestene gitmeye karar verdi. Orası eski camiye vakıf olarak yaptırılmıştı.

Sultan Mehmet bedestene yaklaşınca durdu. Ondört kubbeli yapının etrafında bir sıra dükkan vardı ve yapıda içten tonoz örtülü otuzaltı oda bulunmaktaydı. Duvarları da beyaz ve kırmızı kesme taştandı. Dükkânları dolaşıp alışveriş etti.

Saraya dönerken Padişah sene başında yapımı biten köprüden geçti. Şahabettin Paşa Köprüsü oniki kemerli ve onbir ayaklıydı. Saraya vardığında mimarbaşını çağırıp kendi adına da bir köprü yapılmasını istedi.

Sultan Mehmet gece yatağına yattığında İstanbul'u düşündü. Kenti almayı aklına koymuştu. Kendisini genç ve tecrübesiz bulanların farkındaydı. Halbuki şehzadeliği dönemi boyunca sistemli bir hazırlık içinde kendini yetiştirmişti. Hatta taht için şu an olgun denebilecek bir konumdaydı. Ayrıca manevi olarak kendini çok iyi hazırlamıştı.

Günler geçtikçe İstanbul'u fethetmeyi daha çok istedi. Yatağına girerken, kalkarken hep bunu düşünüyordu. Üstelik elinde kağıt kalem sürekli İstanbul'un haritaları üzerinde çalışıyordu.

Bir gün sabaha karşı Çandarlızade Halil Paşa'yı konağından saraya çağırmak için yatağından kalktı. Önce geceliğini, takkesini çıkardı. Altına şalvar, üste iç enterasini ve bürümcük gömleğini ve dış kaftanı giydi. Kafasına da dilimli, renkli uzun tepeliklerinin etrafına sarılan tülbentlerle büyüyen sarığını geçirdi. Başlıktaki mücevherli sorguç ise göz kamaştırıyordu. Osmanlı'da erkek giyimi, iç entari, dış kaftan, şalvarlar, baş giyimleri ve pabuçlardan ibaretti.

Kendini hazır hissedince sadrazamı çağırmak için haber saldı. Sadrazam vakitsiz çağrıldığı için çok korkmuştu. Eski günlerde yeteneksiz bulduğu için Padişah'ın bunun acısını alacağını düşünüyordu. Bu yüzden huzuruna varır varmaz ayaklarına kapanıp özür diledi.

"Ben devleti düşündüğüm için babanızın tekrar tahta çıkmasını istedim. Lütfen beni yanlış anlamayın."

"Korkun yersiz, seni İstanbul'un fethini konuşmak için çağırdım."

Sultan Mehmet ikinci kez tahta çıktığından beri Çandarlı Halil Paşa'ya biraz soğuk davrandığı için adamcağızın korkusu her geçen gün büyüyordu. Her an sadrazamlık görevinden uzaklaştırma tehlikesini yüreğinde hissediyordu. Sultan Mehmet'in güvenini kazanmak istediği için fetih konusuna girmeden şöyle dedi.

"İlerde erkek kardeşiniz taht için size karşı mücadele edebilir Hünkar'ım."

"Bana ne önerirsin?"

"Kardeşiniz ortadan yok olursa ülkede iç karışıklık yaşanmaz."

"Tamam o zaman bildiğini yap."

Ertesi gün Sultan Mehmet erkek kardeşi Ahmet'in boğularak öldüğünü öğrendi. Ellerini birbirine kavuşturup odayı baştan sona arşınladı. Aslında minik kardeşinin ölmesini hiç istemezdi. İlerde taht için çok kan dökülecek olması ihtimalinin devletin parçalanmasına neden olabileceği kuşkusu kendisini tedirgin etmişti. Bu yüzden kardeşinin ortadan yok olmasını istemişti; ama bu şekilde ölmesini değil. Vezirin bu yolu seçmesi onu düşündürdü, sonra olumsuz bir hisse kapılarak odadan yavaşça süzülüp avluya çıktı. Ayak seslerini avluya çıkmadan duyan Hoca Akşemseddin yanına geldi.

"Canınız sıkkın gibi."

"Canım çok dar Hoca'm."

"Farkındayım. Biraz sohbet edelim mi?"

"Buna ihtiyacım var. Çok iyi olur."

"Her zaman ayaklarını yere sağlam basmalısın. Mevlana gibi iyiyi de kötüye de davet çıkarıp herkesi iyi yola sokmalıyız."

"Ben bazen yanlış davranabiliyorum."

"Bütünün bütününe yani insanlara hizmet edicisin sen."

"Gerçekten öyle miyim?"

"Evet. İyiyi tecelli ettirdikçe kötüyü tecelli ettirenleri ağartacaksın. Bu gücünle Osmanlı'da hayır enerjisi çoğalacak, hatta bu çoğalma ile dünyada bile hayır enerjisi çoğalacaktır."

"Kararsız kaldığım zaman yanlış yola sapabiliyorum."

"İnanç ve iman içinde olursan kolay kolay hata yapmazsın. Biz el ele gönül gönüle hizmet sunacağız. Sıcak hava ile soğuk havanın yer değiştirmesinden nasıl rüzgârlar oluşuyorsa olumsuzdan olumluya dönen olaylar olacağı zaman da etrafta fırtınalar kopar."

"Olumsuzdan olumluya geçerken yani bir hava ceryanı mı oluyor?"

"Evet. Sen Padişah'sın. Dünyada üst safhalarda görevlisin. Sultanlık mertebesine gelmek herkese nasip olmaz. Nefsiniz ona göre, gönlünüz ona göre... Altıncı hissiniz de çok kuvvetli. Nefsin gücüne uyarak görevlerinizde hata bile yapabilirsiniz. Tarih bize yanlışı yoğurup yok olan sultanları, kralları göstermiştir. Hepimiz hayır alıp hayır vermeye çalışıyoruz. Siz Sultan'sınız ve bu hayırların sundurucusu, sunucusu olarak ülkeyi idare ediyorsunuz."

Hoca Akşemseddin ile konuşmak Sultan Mehmet'i bayağı rahatlatmıştı.

Bir gün Padişah Mehmet, veziri Şahabeddin'i yanına çağırıp sordu.

"Vezirler tahta çıktığımdan beri eğer ben çağırmazsam yanıma gelmiyorlar. Neden uzakta duruyorlar?"

"Bilmiyorum Hünkar'ım."

"Tez buraya çağır Halil Paşa'yı ve eski yerini almasını söyle. Diğer vezirler ile İshak Paşa da gelsin."

Yarım saat gibi kısa sürede vezirler huzuruna çıktı.

"Siz babamın döneminde çalıştınız, emeğiniz devlete geçmiştir. Herkes aynı görevinde çalışmaya devam edecek. Benim bu görev dağılımına engel olduğum yoktur. Bu böyle biline!"

Vezirler, Sultan'ın önünde koşarak usûlleri vechiyle elini öptüler. Bu suretle Çandarlı Halil Paşa başvezir görevine devam etti; ancak günler geçtikçe Çandarlı Halil Paşa sıkıntıya düştü. Çünkü başvezir olmasına rağmen hep ikinci planda kalıyordu.

Sultan Mehmet ise devletin sınırlarını büyütmek istediği için çok sıkı çalışıyordu. Çok ciddiydi ve az gülüyordu. Zekası çok büyüktü ve daima çalışma halindeydi. Halkın arasına karışıp onlarla bütünleşmeyi de ihmal etmiyordu. Cömertliği ile halkın sevgisini kazanmıştı. Çok cüretkardı ve atılgan olduğu için hiçbir şeyden korkmuyordu. Yanından hiç ayrılmamaya çalışan Halil Paşa için ise hâlâ sıkıntılı günler devam ediyordu. Çünkü Sultan Mehmet lalaları Şahabeddin Paşa ve Zağanos Paşa ile sürekli iş birliği halindeydi.

Bir gün Sultan Mehmet komşu milletlerden gelen soylulara sarayda yemek ziyafeti verecekti. Akşam için hazırlanan Sultan ağır ipekli kaftanını giydi. Kaftan yere kadar uzun boyu ile üzerinde göz dolduruyordu. Yemek salonuna Sultan Mehmet girdiğinde omuzlardan geriye atılan yen kolları ile çok dikkat çekti.

Aradan birkaç gün geçti. Artık ileriye yönelik planlarını Padişah tek tek eyleme dökmek istiyordu. Önce İshak Paşa'yı Anadolu Beylerbeyi olarak atadı. Kardeşinin ölümünün ardından da kardeş katli yasasını en kısa zamanda yürürlüğe koymak istiyordu.

Sultan Mehmet büyük ve köklü değişiklikler yapmayı bir kere aklına koymuştu ve şansı çok büyüktü, pek çok kimse bunu fark edemiyordu; ama o şimdiye kadar devlet otoritesinin politika ahlâkını kuran ve kontrolü altında tutan âlimlerden ve güçlü bilginlerden ders alarak kendini çok iyi yetiştirmişti.

Sultan Mehmet planlarını gerçekleştirirken alim kesimini etrafından hiç ayırmıyordu. Bu yüzden mürekkep tüketmiş kuvvetlerle kendi kendini iyice çevreledi. Ulema kesimi her zaman bilginin gücüne sahipti ve genç Sultan bunun bilincindeydi. Hatta ulema zümresi pâdişahlik makamına karsı daima medenî bir cesaret gösterebiliyordu.

Osmanlı Devleti sağlam temellere oturuyordu ve Avrupa devletleri yeni hükümdarın karar ve hareketlerinin ne denli bir inanca dayandığının farkında değillerdi.

Her konuda Padişah'a bilgi veren alim kesimine Osmanlı Devleti kurulduğu günden beri çok imtiyaz vermişti ve bu yüzden ayrı bir statüye sahiptiler. Ulemalar her zaman kimseden çekinmemiş, kendilerini kimseye borçlu hissetmeyerek hürriyetlerini kimseye bağışlamamışlardı.

Alimler içinde en çok imtiyaz sahibi, cesaretli olan Akşemsettin idi. Sultan Mehmet her sıkıştığında ona fikir tanışırdı. O mikrobun kaşifi, lokman ünvanı ile şöhret bulan ve pir ocağında kısa sürede kemale ermiş, büyük bir mürşit, yönlendirici ve güçlendirici eşsiz bir pirdi. Sultan Mehmet'i en hayatı noktalarda etkilediği için sarayda onun yeri ayrıydı.

Bir gün İstanbul'u fethetme konusunu Akşemmettin Hoca ile görüştü.

"Sen başarılı bir Padişah olacaksın. Temiz, iyi olup adetlerimize, gelenek ve göreneklerimize önem verirsen hep doğru yolda ilerlersin."

"Başarısız bir son hiç istemiyorum," dedi Padişah Mehmet.

"Tembel olmak insanın sonunu kötüye sürükler. Belaya sabret, nimete şükür et ve dünya sarhoşu olmaz isen çok yol kat edersin."

"Ya ömrüm yapacağım işlere yetmez ise!"

"Kimseye kızmayıp eziyet etmezsen iyi ve uzun yaşarsın. Sakın ola ki kimsenin nimetine yan gözle bakma. Tembel olup çok uyumak kazancın azalmasına vesile olur. Sen Sultan'sın. Akıllı isen seferlere tek başına çıkmayarak yanına sana desteğini veren kişileri almayı ihmal etmezsin."

"Son dediğinizi anlayamadım."

"Akıllı insan aynı fikri paylaşmadığı kimse olmadan sefere çıkmaz ve kendini başkalarına methetmez."

"İyi bir Sultan olmamam için bana tavsiye edeceğiniz başka şeyler var mı?"

"Anlatılacak çok şey var; ama öncelikle şunu bilmeni isterim," dedi Hoca Akşemsettin, biraz durup devam etti. "Sıradan kimselerle sohbet ettiğinde anlayacakları seviyede konuşman gerekir. Sual ederlerse güleryüzle cevap vermeyi unutma. Dünya bir imtihan yeridir. Merhamet etmeyene merhamet edilmez. Niyeti aynı yerde tutmak zordur; ama söylediklerimi yerine getirirsen cihan devletinin başı olacaksın."

Sekizinci Bölüm

Düşman ölesiye kendini ciddiye alırken senin bunun kıyısından ile geçmemen gerekir

Sultan Mehmet, aradan günler geçtikçe iç ve dış siyasette kendisine takınılan durumun bilincindeydi. Bu durumu düzeltmek için bazı vezirleri, valileri görevden alacağını Hoca Akşemsettin'e söyledi. Bunun uygun bir davranış olmayacağını söyleyen Hoca ise ortalığın pek karışmaması için vezirleri görevde bırakmasını salık verdi.

"Babam dönemindeki valiler ve vezirler ve Halil Paşa dahil hâlâ beni çok deneyimsiz buluyor. Kendi vezirlerim olan Şahabeddin Paşa, İbrahim Paşa ve Zağanos Paşa ise yanımdan hiç ayrılmıyorlar."

"Değişiklik yapmak istiyorsan sonra yap! Ortam şu an böyle bir değişikliği kaldırmaz."

Sultan Mehmet her zaman hocasına güvenirdi. Sözünü dinledi. Divanhane'de yarın toplantı yapıp herkese görevini hatırlatmayı planladı. Hocası yanından ayrılınca avluya çıktı; ancak içi titredi. Hava bugün aniden soğumuştu. Saraya girip terzisini çağırdı.

"Tez ağır ipekli kumaştan bir kaftan dikmeni istiyorum. İçini de kürk kaplaki bedenimi sıcak tutsun."

"Peki Hünkar'ım," dedi terzi ve ölçüsünü aldı. Sultan Mehmet ise bu arada bir tane daha kaftan istedi.

"Kırmızı atlastan bir tane de günlük kaftan dik. Görkemli olsun ve içini pamukla kapitone et."

"Olur Hünkar'ım.

Ertesi gün vezirleri ile toplandı. Karşılaştığı sorunları dile getirip herkesin görevine asılmasını istedikten sonra görüşme bitti.

Vezirler, sultanın önünde koşarak usûlleri vechiyle elini öpüp yanından ayrıldılar. Zağanos Paşa da dışarı çıkarken ona şöyle dedi.

"Bana Mimarbaşı'nı çağır."

"Peki Hünkar'ım."

Kısa sürede Mimarbaşı geldi. Ondan Edirne'de nehir kenarında büyük bir saray inşa etmesini istedi.

Olaylar bu şekilde gelişirken genç Sultan'ı deneyimsiz bulan civar devletler durumu değerlendirmek için işe koyuldular. Hatta yer yer devletin sınırlarında tehlikeler baş gösterdi.

Sultan Mehmet ise henüz bir çocuk olarak tahta çıktığındaki buhranlı günlerin tekrarlanmasını istemiyordu. Hocası Akşemsettin ile görüştü. Deneyimli Hoca da Hünkar'a ümit, sevk ve idareyi yönlendirmesi için moral verdi.

"Daha dikkatli, tedbirli, gayretli, hızlı ve ihtiyatlı olmalısın! Verdiğin görevlerde ihmali olup başarısızlıklara sebebiyet verenleri cezalandırmayı da unutmamalısın. Yoksa acınacak duruma düşersin."

"Hoca'm dediklerinizi mutlaka yerine getireceğim."

Anadolu'da yer yer ayaklanmalar oluyordu. Karamanoğlu İbrahim Bey harekete geçerek, Osmanlı'dan eski topraklarını almak için Alaiye üzerine yürüdü. Aydın, Menteşe ve Germiyan'da faaliyete geçince Anadolu'da durum endişe verecek bir boyuta ulaştı.

Önce Sultan Mehmet, Karamanoğulları ile savaşarak yenilgiye uğrattı. Zor durumda kalan Karamanoğulları Beyi barış teklifinde bulundu. Böylece Beyşehir, Seydişehir, Akşehir alındı. II.Mehmet beyliklerin çok fazla üstüne gitmek istemiyordu. Bu yüzden barış yanlısıydı. Yaptığı barışın temel nedeni de İstanbul fethi içindi. Kuşatma hazırlığı yapacağı için Anadolu'da ortamı fazla germek taraftarı değildi. Babasının izinden gidecekti. Anadolu'da bütünlük sağlamak için Rumeli'deki sınırları emniyete almaya çalışacaktı.

Karamanoğlu İbrahim Bey barış sonrası kızı Gülşah Hatun ile Sultan Mehmet'i evlendirdi. Bu evlilik sonrası Şehzade Mustafa dünyaya geldi. İkinci erkek çoçuğun dünyaya gelişi saraydaki eşler arasındaki kıskançlığı daha da artırdı.

Anadolu sakinlemişti. Epeyi zamandır ortalık karışmıyordu; ama Avrupa Osmanlı'yı kolay lokma gördüğü için uygun bir zamanı kollayıp Sultan Mehmet'in üzerine yürümeyi planlıyorlardı. Sultan Mehmet ise Avrupa'da adamları olduğu için son gelişmeleri biliyordu ve ilk hükümdar olduğu zaman, çocukluğundan faydalanmak üzere hıristiyan milletlerin nasıl harekete geçtiğini hiç unutmuyordu.

Genç Sultan devletini güçlü tutmak için Anadolu Beylikleri ile hep iyi geçinmeyi ihmal etmedi. Ayrıca planlarına ulaşana kadar etrafını ürkütmemesi gerektiğini biliyordu. Böyle bir davranışın olması gerektiğini kendisine Hocası Akşemsettin de söylemişti.

Gelişmeleri sıkı sıkıya takip eden Sultan Mehmet'e bir gün Avrupa milletleri bir Sırp elçisi gönderip isteklerini söylediler. Eğer Sultan taleplerini geri çevirirse savaş çıkaracaklardı.

Sultan Mehmet onlardan korkmuyordu; ama etrafı ürkütmemek için Sırp elçisinin teklifleri geri çevirmeyip kabul etti. Bizans Kralı Konstantin de bu gelişmeleri takip ederken genç padişahın durumundan istifade etmeye çalıştı.

Konstantin hem tebrikte bulunmak, hem de eski antlaşmaları gündeme getirmek için bir Bizans elçisi gönderdi Edirne'deki saraya. Yanında bulunan Osmanlı saltanatından olan Şehzade Orhan'ın masrafları için ve Batı Trakya'da Karasu üzerindeki yerlerin hasadından yılda, 300 bin akçe almak istiyordu. Sultan Mehmet imparatorun bu dileğini aynı sebeple kabul etti.

Sultan Mehmet'in amacı Tuna'nın güneyindeki Balkan toprakları ile Fırat'ın batısındaki Anadolu topraklarını almaktı. Büyük dedesi Yıldırım Bayezıt bunu gerçekleştirmek isterken Ankara Savaşı'nda uğradığı yenilgi ile başarısız olmuştu.

Sultan Mehmet bu savaşın olumsuz izlerini silerek merkeziyetçi imparatorluğu kurma arzusundaydı. Bu işe girişmeden önce Konstantinopolis'i (İstanbul) almayı kafasına koymuştu. Onun ileriye yönelik planlarını bilmeyen Batı ve Doğu Roma ise yeni padişahın yaşı nedeniyle hiç bir sorun teşkil edemeyeceği düşünüyordu.

Birkaç zaman geçti. Sultan Mehmet önemli işlerin daha fazla beklemeye gelmeyeceğini biliyordu. Sene başında babasının Venedik, Ceneviz, Macaristan ve Sırp Despotluğu ile yapmış olduğu anlaşmaları yenilemedi. Onun bu tutumu Avrupa'da tecrübesizlik olarak değerlendirilirken Sultan Mehmet Doğu Roma'yla dostane ilişkileri devam ettireceğini bildirdi. Süleyman Çelebi'nin Konstantinopolis'teki torunu Orhan'a da yıllık 300 bin akçe vermeye devam etti.

Herkes Sultan Mehmet'in çok tecrübesiz olduğunu düşünürken yanılıyorlardı; çünkü o iyi bir diplomattı. Edirne'deki cülûsu esnasında, Bizanslılar'a karşı neden yumuşak ve nazik davrandığını kimse anlayamıyordu.

Sultan Mehmet'in kafasında İstanbul'u almak vardı ve henüz kuşatma için hazırlıklı bulunmadığı için Bizans'ın teşviki ile hırıstiyan milletlerin kendisine engeller çıkarabileceğini hesaba katarak Bizans'la dost kalmayi uygun görüyordu.

Durum böyle iken Sultan Mehmet'in yetersiz bir hükümdar olduğu görüşü hem batıda hem doğuda iyice yaygınlaştı. Anadolu da bu söylentilerden nasibini aldı ve Karamanoğulları Beyi beyliğini yeniden diriltmek üzere ayaklanarak Seydişehir ile Akşehir'i ele geçirdi. Bu olumsuz gelişme Sultan Mehmet'in İstanbul kuşatmasını erteletti ve Anadolu'ya geçerek kısa sürede bu isyanı bastırdı.

Anadolu'daki bütünlüğün bozulmasını istemiyordu. Beyliğin üzerine çok fazla gitmedi, tam aksine kendisine yapılan teklifleri kabul eder bir tavır takındı.

Geceyi Seydişehir'de geçiriyordu Padişah. Hava soğuktu. Üzerine kalın yorgan örttü. O soğuğa, sıcağa, açlığa ve susuzluluğa karşı çok dayanıklıydı. Karşısında bulunan herkesi çok kolay ikna ederdi. Sözleri her zaman çok açıktı ve kesin konuşurdu. Kimseden çekinmediği gibi zevk ve sefadan her zaman uzak durmayı tercih ederdi. Uyku tutmayınca kalkıp oturdu. İdare lambasının ışığı ortalığı bayağı aydınlatıyordu. Yanında getirdiği kitaplardan bir tanesini alıp okudu.

Çok iyi Sırpça, Yunanca biliyordu. Okuduğu kitap Roma tarihi ile ilgiliydi. Alman imparatorları ile Fransa ve Lombardiya krallıklarını anlatan kitapları da okuyup dünya tarihi hakkında çok şeyler öğrenmişti. Yarım saat sonra oturduğu yerden kalkıp yanından hiç ayırmadığı haritayı açtı. İtalya bölgesini en ince ayrıntısına kadar biliyordu. Askeri ve coğrafi bilgisi tamdı. İlerde egemenliği altına alamak istediği ülkelerin adetlerini iyi bilip bölgenin menfaatine göre bunları kullanmak istiyordu.

Sultan Mehmet'in Anadolu'da bulunmasını fırsat bilen Doğu Roma İmparatoru Konstantin küçük bir plan yaparak ulakları vasıtasıyla Süleyman Çelebi'nin torunu Şehzade Orhan'ın ödeneğinin yapılmadığı yalanını yaydı. Şehzade Orhan'ın da Osmanlı tahtında hak iddia etmesi karşısında Sultan Mehmet, Orhan için ayrılmış olan gelire el koydu.

Anadolu'dan sefer dönüşünde Sultan Mehmet Rumeli Hisarı'nın yapılması emrini verdi. Bizans'ın yersiz isteklerine son vermek için İstanbul Kuşatması için hazırlıklara girişti. Böylece Bizans, yakın gelecekte ne gibi bir tehlike ile karsılaştığını anladı ve hemen ağız değiştirerek hisarın kendi topraklarına yapıldığını söyleyen elçisini gönderip durumunu kurtarmaya çalıştı.

İmparator Konstantin'in hisar yapımını önlemek için kendisinden izin alması gerektiğini bildiren elçisini Padişah Mehmet huzuruna kabul etmedi. Hisarın yapıldığı yerin, Galatalılar'a ait olduğunu ileri sürerek meseleyi diplomatça halletmeye çalıştı.

Sultan Mehmet'in elçiye verdiği cevap susturucu olmuştu. Galatalılar'la kuşatma süresince iyi ilişkiler kurmayı planlayan Sultan Mehmet onlarla anlaşma yaptı. Anlaşmaya göre İstanbul kuşatması müddetince Galata Cenevizlileri ile Osmanlı dost kalacaktı.

Fetihi düşenen Sultan Mehmet Bizans'a gelecek olan Karadeniz üzeri yardımları kesmek için Rumeli Hisarı'nı bir an evvel bitirmek istiyordu. Hisar öncesi Mora ve Balkanlar'a asker gönderdi.

Günler geçtikçe Galatalılar, sözlerinde durmayıp gizliden gizliye Bizanslılar'la görüştü; ama Sultan Mehmet buna göz yumup bir şey demedi.

Sene başında reddettiği eski anlaşmaları gündeme getirip Padişah Mehmet İstanbul fethi öncesi Sırbistan, Eflak ve Macaristan ile barış anlaşmalarını yeniden yaptı. Bir an evvel İstanbul'u kuşatıp almayı planlıyordu.

Sultan Mehmet bu fethin hem dini açıdan hem de siyasi açıdan çok önemli olduğunu biliyordu. Bizans'ın sürekli olarak haçlı dünyasını Osmanlı'ya karşı kışkırtması, Bizans'ın sürekli olarak Anadolu Beyliklerine destek çıkıp Anadolu'da ortalığı karıştırması, Bizans'ın Osmanlı'daki taht kavgalarını sürekli körüklemesi, Anadolu ve Rumeli toprakları arasında Bizans'ın büyük bir engel olması onu uzun zamandır rahatsız ediyordu.

II. Mehmet tahta çıktığı günden beri bu koşulları düşünüp İstanbul'u almanın bu engelleri ortadan kaldıracağına inanıyordu. Ekonomik olarak da imparatorluğun güçlü olması gerekiyordu. İpek yolu ve Boğazlar kesinlikle imparatorluk sınırları içinde kalmalıydı. Kenti daha önceden kuşatan devletleri düşündü. Makedonya Kralı, Roma Kralı, İran, İran - Avarlar, Emeviler, Macarlar, Abbasiler, Ruslar, Latinler, Macarlar hepsi kenti kuşatmayı denemiş ama alamamıştı. Kendi dedeleri ve babası da İstanbul'u almayı çok istemişti.

Kuşatmanın başarılı olması için strateji geliştirmek için günlerce odasına kapanıp çalıştı. O çok az gülen, asil tavırlı ve devamlı silah kuşanan ve bir şeyler öğrenmek ihtirası ile yanan bir devlet adamıydı. İyi kalpli olması ile birlikte amaçlarına ulaşmakta çok inatçı bir yapısı vardı. Harp sanatına çok düşkün olduğu için kuşatma öncesi eski hocası, şimdiki vezirlerinden olan Zağanos Paşa'yı yanına sık sık çağırdı.

Bir gün yine masa başında bir araya geldiler. Sultan Mehmet'in önünde İstanbul haritası vardı.

"Sultan'ım, çocukken her şeyi öğrenmek isteyen zeki bir araştırmacıydınız. Bu özelliğiniz hâlâ devam ediyor. Harp sanatında beni geçtiniz," dedi Paşa.

"Öyle söylemeyin Paşa'm. Siz benim hocamsınız. Sizden çok şey öğrendim. Bildiğiniz gibi diğer sultanlar gibi sefahat düşkünlüğüm ve kötü alışkanlıklarım yok. İyi bir hükümdarın özelliklerini bana hep anlattınız. Söylediklerinizi uyguladıkça bu noktaya geldim. Tabii diğer hocalarımın da katkısı çok büyük. Aldıklarımı, öğrendiklerimi hayata geçirmem bana çok şey kattı. Harem dairesinde bile çok az vakit geçiriyorum. Nefsime hakim ve uyanık olmayı Akşemseddin Hoca'mdan öğrendim. Ben bir cihan devletinin peşindeyim ve savaş sanatını çok iyi öğrenmeliyim. Birazdan kılıç kuşanıp çalışalım."

"Emredersiniz Hünkar'ım."

1451 yılının sonlarına doğru askerlerine İstanbul'un (Konstantinopolis) kuşatılması için hazırlığa girişmelerini emretti Sultan Mehmet. Boğaz'ın Anadolu yakasında büyük dedesi Bayezıt'ın yaptırdığı Anadolu Hisarı'nın karşısındaki Rumeli Hisarı'nın da inşaası hızla devam ediyordu.

Hisarın inşaat planını Sultan Mehmet bizzat kendi çizmişti. Kerestesi İzmit'ten, kireci Şile'den gelen hisarda tam tamına 950 taş ustası, beşbinden fazla işçi ve yamak çalıştırıldı. Vezirler dahi sırtlarında taş taşıyarak hisarın bitimini hızlandırmak için uğraşıyorlardı.

Yaz ayları sıcak geçerken Bizans iç karışıklıklar yaşıyordu. Ağustos ayının ortalarında Sultan Mehmet hisarın tamamlanmasını ve boğazın kontrolünün Osmanlılar'ın eline geçmesini planlıyordu.

Günler hızla geçerken Cuma günü Sultan Mehmet, uzun boyu, dolgun yanakları, kıvrık burunu, adaleli ve kuvvetli yapısıyla hisarın açılışını yapacaktı. Her şeyi en ince detayına kadar hesaplıyordu. Cuma günü en sonunda geldi ve öğleden sonra imparator Rumeli Hisar'ındaydı. Buranın inşaası dört ayda bitmişti.

Hisarın açılışından sonra Sultan Mehmet saraya geldi. Devrin en büyük ulemalarından birisi olduğu için genellikle dost dış devletlerden çok ziyaretçisi olurdu. Bugün de kendisini ziyarete gelen yabancı devlet konukları vardı. Yedi yabancı dil bildiği için ziyaretine gelen soylularla çok rahat iletişim kuruyor olması diplomatik ilişkilerinde ona çok kolaylık sağlıyordu.

Yarın akşam onlara ziyafet verecekti. Alim, şair ve sanatkarları da ziyafete davet etti. Sultan Mehmet oldum olası ulema kesimiyle sohbet etmekten çok hoşlanıyordu.

Ertesi gün konuklar gittikten sonra alimlerden ilginç ve bilinmedik konular hakkında makaleler yazıp kendisine getirmesini istedi. Onları okuduktan sonra kuşatmaya katkısı olabilecek konularda yazı yazanlara yakında kendisiyle sefere çıkacaklarını söyledi.

En çok değer verdiği Alim Hoca Akşemseddin'i de yanına çağırıp sefere birlikte gideceklerini söyledi.

Sultan Mehmet, gayet soğukkanlı ve cesurdu. Eşsiz bir komutan ve idareciydi. Yapacağı işlerle ilgili olarak en yakınlarına bile hiçbir şey söylemezdi.

Muhteşem ordusuyla bir hafta sonra İstanbul yakınlarına geldi. Akşemseddin, Akbıyık Sultan, Molla Fenari, Molla Gürani, Şeyh Sinan gibi alimleri ve talebelerini yanından hiç ayırmadı.

Özellikle kuşatma öncesi Hoca Akşemseddin Hazretleri Sultan'a gerekli tavsiyelerde bulunmayı hiç ihmal etmedi.

Kent tamamen kuşatılmıştı. Bizans barış elçisi göndererek Sultan Mehmet'ten ordusunu geri çekmesini istedi; ancak Sultan çok kararlıydı.

"Ya ben şehri alırım, ya şehir beni!" diyerek elçiyi geri gönderdi.

İstanbul kuşatması müddetince Galata Cenevizliler'i gizliden gizliye Bizanslılar'a yardım ediyordu. Bu durumu haber alan Sultan yardım olayının açığa vurulmasını istemedi; çünkü resmi olarak bildiğini açıklamak menfaatlerine uygun olmadığı için ses çıkarmamayı tercih etti. İstanbul'u alıncaya kadar onların bu şekildeki düşmanca hareketlerine göz yumulacağını vezirlerine bildirdi.

Sultan Mehmet hiçbir şekilde geri adım atmak istemezken Bizans görüşmek için elçi göndermeye devam etti; ancak o yine elçileri red ederek savaşa hazır olduğunu bildirdi.

Hisarın aktif olarak kullanılması sonucunda İstanbul'un Karadeniz'den ikmal yolu tam olarak kontrol altına alındı. Böylece Karadeniz kıyılarına yayılan Venedik kolonilerinin de Venedik ile irtibatı kesilmiş oldu. Boğaz'dan geçen gemiler geçiş parası ödemek zorundaydı. Bu ücreti ödemeyen gemileri top atışıyla batıracağını dış devletlere bildirdi. Bu açıklamaya rağmen iki ay sonra ödeme yapmayı red eden Venedik gemi kaptanı Boğaz'dan geçirilmedi. Ateş açarak karşılık vermek isteyince Erdelli Urban adlı bir top dökümcüsünün yaptığı toplar kullanılarak gemi batırıldı. Kaptan ve tayfalar ise tutuklanarak zindana atıldı.

Geminin kısa sürede batması, Sultan Mehmet'in güvenini biraz daha artırdı ve İstanbul fethi konusundaki çalışmalarının hızlanmasına vesile oldu.

Bir akşam yemekten sonra elini yüzünü yıkadı. Yüzünü kurularken karargahtaki askerlerine baktı. Biri geliyor biri gidiyordu. Çoğunun yüzü hiç gülmüyor, hatta asık bile sayılırdı. Elini yüzünü yıkarken kılıcını dışarıya çıkarıvermişti. Onu yanına asıp bir kayanın üstüne oturup düşündü. Dağ taş kekik kokuyordu. Çadırın önünde duran İshak Paşa'yı çağırdı.

"Tez bana top dökümcüsünü çağır."

"Peki Hünkar'ım."

Adam huzuruna gelir gelmez Bizans'ın surlarını yıkabilecek güçte bir top yapıp yapamayacağını sordu; ama adam şaşkındı. Ne diyeceğini bilemediği için kem küm etti.

"Ben sana, ben sana söylüyorum," dedi Sultan. "Doğru düzgün niye cevap veremiyorsun?"

Kendini toparlamaya çalışan adamın birden dili çözüldü.

"Surları yıkacak güçte bir top yapamam."

"Denemeden nasıl peşin hüküm verirsin?"

"Elinizi ayağınızı öpeyim Hünkar'ım! Benim bilgim ile yapacağım toplar o surları yıkmaya yetmez."

Sultan Mehmet ise bu cevaptan hoşnut olmayarak söylendi.

"Mutlaka o surları yıkacağım."

Dokuzuncu Bölüm

Hayatındaki öncelikleri bilmeden vermek istediğin mücadelende iyi savaşıp başarılı olamazsın

Venedik gemisinin batırılışının ardından Bizans İmparatoru Konstantin Papa'dan yardım talebinde bulundu; ancak uzun süre cevap bekledi. Avrupa devletleri arasında sorun baş gösterdiği için Papa, Bizans ile ilgilenememişti. Bunun üzerine Bizans Cenevizliler'le konuyu görüştü. 1453 yılının gelişi kutlanırken Cenova'dan olumlu haber alan Konstantin Osmanlı'yı yakında alt edeceğini düşündü.

Giovanni Giustiniani komutasındaki Ceneviz kadırgaları 1453 yılının ocak ayının son günlerinde İstanbul'a (Kontsantinopolis) vardı.

İmparator Konstantin, Giovanni Giustiniani ile uzun uzadıya görüştü. Kendisine kuvvetlerinin başkumandanlığı teklifi yaptı. Bizans'taki toplam asker sayısı gelen yardımla on bine yaklaşmıştı. Haliç'te otuz savaş gemisi bulunuyordu. Bizans yeterli güce sahip olduğunu düşünürken Osmanlı ordusu en az elli bindi ve Sultan Mehmet karadan kuşatmaya destek olması için bir donanma hazırlatıyordu. İki aylık çalışmanın sonucunda baharın ilk günlerinde büyük donanma Marmara Denizi'ne açıldı.

Sultan Mehmet her şeyi en ince ayrıntısına kadar hesaplarken gecesini, gündüzüne katıp haldır haldır çalışıyordu. Venedikler'in, Ceneviler'in ve Osmanlı Devleti'nin daha önceki kenti kuşatmalarını düşünüp gelişim politikasını aklından geçirdi.

I.Bayezıt, I.Mehmet ve babası II.Murat kenti kuşatmıştı; ancak başarsız olmuşlardı. Kesinlikle onlarla aynı kaderi paylaşmak istemiyordu. Bugüne kadar kuşatmacıların İstanbul'u alamamalarındaki temel neden bu surları yıkabilecek nitelikte büyük topların olmayışıydı. Bu yüzden ordu ve donanmayı daha da kuvvetlendirmek istiyordu. Sultan Mehmet surları rahatlıkla aşmayı planlarken gülle topları döktürmeyi hayal etti. Sonra konu ile ilgili araştırmalar yaptı.

Çok yorulduğu bir gece erkenden yattı. Sabaha karşı gördüğü rüyada Eyüp Sultan (Eyyüp El Ensari) Hazretleri'ni gördü. Işık gibi parıldayan pir halini hatırını sorduktan sonra kısaca Sultan Mehmet'e yaşamını anlattı.

"Hicret sırasında herkes Hazreti Muhammed'i evinde misafir etmek istiyordu. Kusva adlı devesi hangi evin önünde diz çöküp oturursa peygamberimiz orada misafir olacağını söyledi. Kusva benim evimin önünde diz çökünce peygamberimizi ben misafir ettim. Bedir, Uhud, Hendek ve diğer bütün savaşlarda peygamber efendimizin yanındaydım. Müslümanlığı tüm dünyaya yaymak için seferlere beraber çıktık.

Aradan çok uzun yıllar geçti. İstanbul'un alınması da tüm İslam dünyası tarafından arzulanıyordu. Bunun için ben de çok çalıştım. Hazırlıklar biter bitmez ordunun başına geçerek sefere önderlik ettim; ancak çok yaşlıydım. Çok uzun yol beni sarsmıştı ve artık bu dünyadan gitme vaktim geldiğini anladım. İstanbul'a birkaç günlük mesafemiz kalmıştı. Yanımdakilere şöyle dedim.

-Yakında bu dünyadan ayrılacağım. Ordunun en son gittiği noktaya beni götürün.

Vasiyetimi yaptıktan sonra gözlerimi yumdum. Senden isteğim benim kabrimi bulman."

"Yattığınız yeri bulup mutlaka gün yüzüne çıkaracağım," dedi Sultan Mehmet; ama ne olduğunu anlayamadan birden gözlerini açtı. Gördükleri o kadar çok gerçekti ki rüya görüp görmediğinden endişe etti.

Kahvaltıda yanına gelen Hoca Akşemseddin'e rüyasını anlattı.

"Bu bir işaret!" dedi Hoca. "İstanbul'un yakında fethini gerçekleştireceksin. Ben de sana söz veriyorum ki Eyüp Sultan Hazretleri'nin kabrini gün yüzüne çıkarağım."

Aradan günler geçti. Sultan Mehmet Edirne'deki saraya dönüp surları yıkmak için strateji geliştirmek istiyordu. Yanına Zağanos Paşa'yı ve Hoca Akşemseddin'i alıp kente geldi.

Sultan Mehmet, İstanbul'un fethi için en büyük engel olarak gördüğü surları yıkmak için ellerinde olan toplardan daha büyük toplara ihtiyaç olduğunu biliyordu. Büyük top dökülmesi için ülkedeki tüm top ustalarını toplayıp emir verdi; ancak ülkedeki ustalardan hiçbiri daha önce o kadar büyük bir top dökmediği için kendilerine güvenemiyorlardı. İçlerinden biri bu işten sıyrılmak için bir tek İstanbul'da yaşayan eski ustanın yapabileceğini söyledi.

Sultan Mehmet bunun üzerine istihbarat şeflerine emir verdirerek İstanbul içinde bu işi yapabilecek ustanın yaşayıp yaşamadığının araştırılmasını istedi. Çabalar sonucunda Bizans'ta usta bulundu. Adamın morali çok bozuktu; çünkü hakettiği değeri Bizans'ta görmediğine inanıyordu. Fakat Edirne'ye gizlice getirilen ustanın sadece bir döküm ustası olduğu anlaşılınca Sultan'ın huzuruna çıkarıldı.

"Senin bir öğrencin iyi bir top dökümcüsü olduğunu söylemişti. Demek bize yalan söylemiş," dedi ve vezirinden yalan söyleyen adamın zindana atılmasını istedi.

Padişah çok öfkeliydi. Tahtın etrafında döndü, durdu. Sonra hiddetle bağırdı.

"Anlaşıldı ki bu işi ben halledeceğim," dedi. "Bana Macar Urban'ı çağırın."

Apar topar Sultan'ın huzuruna gelen adam şaşkındı.

"Daha büyük top dökmek için çalışacaksın," dedi Sultan Mehmet.

Adam da bu işi başaracağına inanmasa da korkudan yere doğru eğilip cevap verdi.

"Peki efendim."

Adamın duygularını anlayan Sultan ise şöyle dedi.

"Gözlerinde umut göremiyorum usta! Eğer içinde umut olmazsa olabilecek en kötü gelişmeye hazırlıklı olmalısın."

Bu sözler adama umut vereceğine daha kötü umutsuzluğa götürdü. Hatta adam artık çalışma yaparken öleceğinden korkuyordu ve bir pazar günü öğleden sonra top döktü; ancak maddelerin ayarını doğru yapamadığı için topun patlamasıyla öldü.

Bu haberi alan Sultan Mehmet çok üzüldü. Dökümcü ustası Saruca Bey'i yanına çağırıp idaresindeki mühendis, teknisyen ve ustalarla top dökme konusunda çalışmalarını emir verdi.

"Top dökümü üzerine çok kitap okumaktayım," dedi Sultan. "Öğrendiklerim doğrultusunda ben de çalışıp sizi yönlendireceğim. Mutlaka daha büyük topları döküp o surları yıkacağım."

Bunun üzerine deneme yanılma metodları kullanılarak Rum döküm ustası ve Türk mühendislerinin önderliğinde sıkı bir çalışma programı içine girildi. Önce kendi kendine topların hesabını yapan Sultan bir yandan da fetihi gerçekleştirmek için düşündü.

Günler hızla geçerken Sultan Mehmet topların projesini bizzat kendi çiziyordu. Tarihte benzerine o zamana kadar rastlanmamış olan büyük bir top imal edildi ve topun adına Sultan Mehmet, Şahi adını verdi. İlk denemede top gülleyi 1,5 kilometre uzağa atmıştı. Top atışlarını uzaktan izleyen izleyici halk da sevince boğuldu.

Gösteri sonrası Çandarlızade Halil Paşa pek sevinmedi. Onun asık suratını fark eden Sultan Mehmet sordu.

"Paşa'm gösteriden memnun kalmadınız galiba. Suratınızdan düşen bin parça."

"Topun işe yarayacağını düşünmüyorum Hünkar'ım."

"Nereden böyle bir kanıya vardın Paşa?"

"Muhtemelen savaş sırasında birkaç kulanımdan sonra topun patlayıp etrafındaki akıncıların ölmesine neden olacağı kanaatindeyim. Gelin Hünkar'ım bu top işinden vaz geçelim."

Sultan Mehmet çok sinirlendi bu sözlere, yumruklarını sıkıp konuştu.

"Yanlış düşünmektesin Paşa! Yaptığımız top savaşta askerlerimin maneviyatını arttıracaktır. Bu yüksek maneviyat, topun zarar vereceği askerlerden çok daha fazlasını kurtaracaktır. Bu top savaşa katılacaktır. Bu böyle biline!"

Sultan Mehmet akşam odasına çekildiğinde Paşa'nın sözlerini düşündü. Birkaç atıştan sonra topun patlama ihtimali vardı. Bunu kendisi de çok iyi biliyordu. Bu yüzden böyle bir olasılığı ortadan kaldırmak için çalıştı.

Ertesi gün Şahi ile birkaç atış yaptırdı ve son anda olabilecek patlamaya karşı ustaları uyardı. Gerçekten de şahi bir müddet sonra patladı. Çok fazla hasar vermemişti; ama Sultan Mehmet şahileri geliştirmek için bizzat gece gündüz uğraştı.

İstanbul'un fethi için topların balistik hesaplarını bizzat kendisini yapıyordu. Yaklaşık 17 ton bakır kullanılarak topların döküleceğini ve 1,5 ton ağırlığında olacak mermilerin en fazla 1200 metre uzağa gidebileceğini şimdiye kadar ki çalışmalar göstermişti. Şahi'nin patlamasını önlemek için yanına Mimar Muslıhıddın Ağa'yı çağırdı.

"Ağa biliyorsun ki Osmanlı eskiden beri kendi silahlarını kendileri yapar. Yapılacak topların planlarını bizzat kendim çizdim. Benim çizimlerimi iyileştirmeni emrediyorum ki kesinlikle ustalar ve senin dışındaki hiç kimse topun detaylarını bilmeyecek."

Mimar Muslıhıddın Ağa Sultan'ın çizimlerini kaleme alıp Saruca Sekban'a döktürdü. Top döküm işleri de tamamen gizlilik içerisinde yürütüldü. En sonunda üç tane şahî, 27 tane de diğer toplardan döküldü. Son gelişmeler Sultan'a haber verilince fetih için çalışmalar daha çok hızlandırıldı.

Şahî toplarını yüz öküz ancak çekebilecekti ve topların taşınması için ayrıca 700 asker gerekiyordu. Tüm bunları düşünen Sultan onları iki ayda Edirne'den İstanbul surları önüne getirmeyi planladı. Bu şahi topları, dünyada yapılan topların en büyükleri olduğu için kendine çok güveniyordu.

Bizans bu hazırlıklar karşısında daha önceki kuşatmalarda yıkılan surların hasar gören yerlerini onardı, Haliç'in ağzını zincirletti. Haçlılardan da yardım istedi.

Gelişmeler bu şekilde devam ederken İstanbul'un fethini kolaylaşıracak nedenleri düşünen Sultan Mehmet çok fazla kaygı içinde değildi; çünkü fetihte zorlanmayacaklarını düşünüyordu. Surları yıkabilecek nitelikteki topları döktürdüğü için içi rahattı. Bizans'ın donanma ve ordusunun aldığı istibaratlar neticesinde zayıf olduğunu biliyordu. Bizans'ta taht kavgaları başlamıştı. Ayrıca Katolik ve Ortodokslar arasında iç çekişmeler yaşanmaktaydı.

Yüz öküz topları çekerken 700 asker küçük topları Edirne'ye doğru sürdü. Arkadan da elli çift manda sürüsü kafileyi takip etti.

İki ayda Edirne'den İstanbul yakınlarına getirilebilen bu zamana kadar misli görülmemiş topların ilk deneme atışları yapılacaktı.

Sultan Mehmet 23 Mart 1453'te Edirne'den hareket ederek topların olduğu yere geldi. O civardaki halkı düşünüyordu. Yakında bulunan kimselerin dillerini yutmamaları ve gebe kadınların bebeklerini düşürmemeleri için şehrin her tarafına gizlice adamlar salıp topların sesinden kimsenin korkmamasını bildirip deneme atışları yapıldı. Şahi topunun namlusu 91.5 cm idi. 1596.6 kilogram ağırlığındaki güllesinin menzili ise 1200 metre gelmekteydi.

Mart ayının son haftasıydı ve Osmanlı'nın kara kuvvetleri son hazırlıklarını bitirip İstanbul surlarına yakın bir alanda 2 Nisan'da siperlerini oluşturdular. Bizans ise Haliç'i sıkı güvenlik önlemleri ile sarıp girişi zincirle kapatmıştı.

Sultan Mehmet savaşı bizzat kendi yönetiyordu. İlk ateş emrini verdi ve savaş başladı. Ancak ateşli silahların atıştan sonra soğuması gerektiği için çok vakit kaybı oluyordu. Sultan dahice bir buluş ile makinelerin zeytinyağı ile soğumasını sağladı. Topların balistik hesaplarını yaparken dik mermi yollu ilk silahı keşfetmişti ve savaşta kendisi ilk kez bunu kullanıyordu.

İki gün sonra karargâhını Romanus Kapısı'nın karşısına kurdu. Yiğitleri ile savaşa buradan devam edecekti. Saldırı öncesi son kez teslim çağrısında bulundu. Bizans imparatoru surların asla aşılamayacağını düşünerek bu çağrıyı reddetti.

Ertesi gün saldırı başlayacaktı. 5 Nisan 1453'te Sultan Mehmet karadan ve denizden kuşatmayı başlattı. Sultan boş yere kan dökülmemesi için imparatordan son bir kez şehrin teslimini istedi. İmparator bu teklifi yine reddetti. 6 Nisan sabahı Şahi toplarının ortalığı cehenneme çeviren atışları ile büyük savaş başladı.

Kargı darbeleri ile asker kaybı az olmuştu. Büyük ihtimalle ayakta kalanlarla zafer elde edilecekti. Başında demir miğfer, göğsünde zırh, elinde kalkan olan Bizans askerleri yeniçerilere karşı savaşmakta zorlanıyorlardı. Top ateşi başladı ve topların ortaya çıkardığı ateşli duman ortalığı yıkıp geçiyordu. Bizanslılar kılıçtan ziyade kargı kullanmada iyiydiler; ama Padişah Mehmet'in ordu düzeni o kadar iyiydi ki başedemiyorlardı. Başlarında miğferler, kendilerini koruyan kalkanlarına rağmen kaçıştılar. Bacaklarında ve kollarında dizlik ve bileklik taşımalarına rağmen geri püskürtüldüler.

Çatışma bir aydan fazladır sürüyordu. Bizans İmparatoru Konstantinos, Giustinani'ye Sultan Mehmet'i savaşta öldürmesini emretti. Romanus Kapısı'nda kıran kırana bir mücadele vardı. Sultan Mehmet'i yok edip yerine geçmek isteyen Şehzade Orhan ise Bizans ordusunun kıtalarından birinin başındaydı.

Bizans savunmasının yeterli olmadığı Papa'ya bildirildi. Papa, hıristiyan dünyasından yardım istedi ve üç Ceneviz gemisi ile iki Sicilyalı yük gemisi Marmara Denizi'ne giriş yaparak Osmanlı donanmasına ateş açtı. Yapılan savaş sonunda yardımcı kuvvet Haliç önlerine geldi; ancak Osmanlı donanması gelemedi. Donanmasını Haliç'e geçirmesi gerektiğini anlayan Sultan Mehmet bir plan yapmak için karargaha çekildi. Ulema kesimi yanındaydı; ama Hoca Akşemsettin Edirne'ye gitmişti. Hemen ona mektup yazıp gelişmeleri bildirdi.

Hocası Akşemsedin mektubu alır almaz okudu ve son gelişmeye üzüldü. Hemen masa başına geçip bir mektup yazdı. Gemileri Haliç'e indirememenin fethi başarısızlıkla sonuçlandıracağını düşünüyordu. Savaş taktiklerini yazdığı mektubunu ulağa verip yolladı. Akşam mektup Padişah'ın eline geçer geçmez dikkatlice okudu.

Allah Teala'dan temenni ve niyazım başarılı olmandır. O ikram ve yardım sahibidir. Haliç'e inmek için mutlaka bir fırsat doğacaktır. Sizin ve askerlerinin başarısızlığı kafirleri, düşmanları sevindirmiştir; hatta sizin yetersiz oluşunuz şeklinde yorumlamalarına sebep olmuştur. Benim seninle olan ilişkimi kıskananlar da mutluluğa ermiştir; çünkü duamın kabul olmadığı gibi bir takım sakıncalar fitneciler arasında meydana gelmiştir.

Başarılı olmak için hiçbir musamaha ve yumuşaklık göstermeyeceksiniz. Haliç'e varmayı başaran düşman gemilerin kimden ve nereden geldiğini tespit et. Sorumluyu şiddetli azarlayarak görevden al. Eğer böyle bir tedbir almaz isen surlara hücum edeceğin zaman hata yapabilirler. Çok ciddi bir çaba göstermelisiniz. İşin başında durup emirleri kusursuz uygulamak gerekir.

Başarılı olmanız için çok dua ediyorum. Donanmadaki idareyi disiplinli ve merhameti az kişilere vermelisiniz. Çaba gösterdikçe Allah'ın yardımıyla zafere gideceksiniz inşallah. Kul tedbir alır, Allah da takdir eder. Bunu lüfen aklınızdan çıkarmayın.

Sultan'ım siz cihan imparatoru olacaksınız. Bundan hiç şüphem yoktur. Elinizden geldiğince çaba gösterip, tehlikelere karşı tedbir almada kusur etmemelisiniz. Sözlerim sakın ola ki size boş söz olarak gelmesin. Allah'a hamd olsun ki başarılı olacağınızı yüreğimin derinliklerinde hissediyorum. Vesselam.

Onuncu Bölüm
Bilgisiz insan boş bir fıçıya benzer

Mektubu defalarca okudu Sultan Mehmet. Hocasının sözleri, taktikleri, fikirleri onun için çok önemliydi. Mektup cesaret vermişti. Gemiler mutlak Haliç'e inecekti, bunun için gemileri karadan geçirmekten başka yol yoktu. İstanbul haritasını açıp Hipodrom civarından (Dolmabahçe- Kasımpaşa-Beşiktaş) denize uzanan güzergahın bir plan çizdi.

"Bu hatta kalas döşeyeceğiz," dedi kendi kendine ve elindeki harita ile çadırdan çıkarak Çandarlızade Halil Paşa'yı yanına çağırdı.

"Tez tüm marangozları Marmara kıyısına toplayın," diye emir verdi.

Çandarlızade Halil Paşa Sultan'ın ne yapmak istediğini anlayamamıştı.

"Her ne yapmak istiyorsa yanlış yapıyor," diye düşünürken Sultan sert bir ses tonuyla konuştu.

"Bakışların bana güven vermedi Paşa!"

"Marangozların ne yapacağını merak ediyordum."

"Karadan Haliç'e doğru boş fıçılar üzerine kalaslar bağlatacağım."

"Aman efendim o ne işe yarayacak?"

"Paşa sen benim dediğimi yap! Anlaşılan sen benim İstanbul'u fethedeceğime inanmıyorsun."

Paşa bu sözler üzerine tek bir yorumda bulunmadığı için bu tavır paşayı iyice Sultan'ın gözünden düşürdü.

"Savaşçı muazzam kargaşa yaşadığı zaman, mucize kulağına doğru olanı fısıldar," dedi Sultan Mehmet. "Gemilerin Bizans'a yardım için Haliç'e girmesi beni çok üzdü ve olayın ayrıntıları dehşet verici bir biçimde capcanlı olarak beni iliklerime kadar titretti. Yaşadığım hüsran geçmişimdeki süprüntüleri karıştırıp yüzeye çıkardıkça deli oldum. Hatalarımı fark etmem en büyük projelerimden birine başlama zamanımı işaret ettiği zaman ise huzura kavuştum. Gerçekten de kargaşa sonucu ortaya çıkardığım kalas fikri kıyaslanabilir berraklıkta aydınlatacak bir ışık gibi görev yaparak yüreğimin pasını siliyor. Ben savaşçıyım! Elim ağır, sımsıkı kavrayan bir demir pençe gibidir. Gemileri hayalet gibi karadan denize uçuracağım. İyi bir komutan hamlesini gerçekleştirirken hiçbir belirti, hiçbir iz bırakmaz. Bu benim meydan okumamdır! Bu böyle biline Paşa!

Sultan en sonunda kara (Kasımpaşa Ayvansaray arası) üzerinden boş fıçı ve kalaslardan oluşan köprünün inşaatını başlattı. Rumeli Hisarı yapımında emeği geçen Zağanos Paşa da Osmanlı donanmasının kara yolu ile Kasımpaşa'ya indirilmesi için kalas yapımında bizzat çalıştı. Bu köprü beşbuçuk metre genişliğindeydi. On gün gibi kısa sürede kalasların döşenmesi bitti. Çandarlızade Halil Paşa ise kalasların hiçbir işe yaramayacağı kanısındaydı. Yetmişten fazla gemi tahtaların üzerinden 22 Nisan sabahı Haliç'e indirilince Paşa o zaman Sultan Mehmet'in büyüklüğüne inandı.

Bizanslılar da kara üzerinden yürüyen gemileri görünce büyü yapıldığını düşündü.

Haliç'in kontrol altına alınması, Sultan Mehmet'i diğer savaş stratejilerini harekete geçirmeye sevk etti; ama kuşatmanın yedinci haftasında kesin bir sonuç almak isterken işlerin uzaması canını çok sıktı. Plan hazırlığındayken yanına Halil Paşa'yı çağırdı.

"Bizans'a elçi gönderip son bir kez daha teslim çağrısı yap."

Bizans İmparatoru teklifi yine reddetti. Sultan Mehmet bunun üzerine saldırı için hazırlığa girişti. Herşey hazır olunca 24 Mayıs'ta karadan ve denizden büyük bir saldırı yapacağını paşalara bildirip işlerinin başına geçmesini söyledi. Sadece Zağanos Paşa'yı yanında tuttu.

"Paşa senden öğrendiklerimi tecrübelerimle birleştirdim. Bildiğin gibi kuşatmada başarız olduğumuz anlar oldu; ama ben bunlardan ders almayı bildim. Hatalarım gözümün önünden geçtikçe beni etkilemiş her ne varsa anısını içimde canlı tutup sevmiş olduğum her şeyi kalbimin içinde saklamayı öğrendim. Böylelikle kendime olan acıma duygumu yendim. Yaralı olduğum fikrini alt ettiğimde ise adeta buhar uçucu gibi özgürlüğüm ruhumu sardı."

"Sultan'ım anlattıklarınız beni etkiledi. Siz kendiniz çok çok aşmışsınız."

"Hayatın acımsız baskısı beni bu noktaya getirdi. Şartlar bizim için çok uygun şimdi. Hayat bu süre içinde kenti almamız için bize şans veriyor. Unutma Paşa tek zahmete değer şey özgürlüktür! Hiçbir yabancı devletin himayesine benim milletim giremez. Başka türlüsünü de düşünmek insanı aldatır."

Kısa sohbetin ardına Sultan Mehmet, ona uygulayacakları saldırı planını anlatarak işe koyulmasını emretti.

Osmanlı ordusu 29 Mayıs'ın ilk saatlerinde taaruza başladı. Osmanlılar üç koldan işe koyulmuştu. Birinci kol surlara saldırırken yardımlarına Anadolu birlikleri geldi. İşin bir bölümü bittiği için Sultan Mehmet rahatlamıştı. Ağır darbeyi yeniçeriler yapacaktı. Giustiniani yaralanarak kıtanın başından ayrıldı. Bu gelişme şehri savunan Bizans askerleri arasında büyük bir kargaşalık yaratırken hafif sisin arasından yağmur başladı. Tam bir sağanak değildi yağan; daha çok askerlerin iliklerine kadar işleyen ince bir sisle kaplıydı ortalık. Osmanlı askerleri durumu değerlendirmekte gecikmeyerek Kerkoporta adlı kapıdan içeri girerek surlara tırmandılar. Otuz kadar tımarlı sipahi burca doğru gitti. Ulubatlı Hasan'ın elinde Osmanlı sancağı vardı. Bayrağı dikti; ancak Bizans askerlerinin kılıç darbeleri ile yaralandı. Taş ve ok yağmuruna da tutulan Ulubatlı Hasan oracıkda can verip şehit oldu.

Sultan Mehmet fethi gerçekleştirir gerçekleştirmez şehre girdi. Bu işi alnının akıyla yaptığı için şükretti. Kent yağmalanıyordu. Buna göz yumdu, savaşı kazanan askerleri, kazanmanın bedelini almalıydı. Kendisi de paşalarıyla Ayasofya'ya giderek namaz kıldı. Gökyüzünü temsil eden kubbeye, yeryüzünü yansıtan zemine, sonra gökyüzü ile yeryüzünü arasındaki bağlantıyı sağlayan pandantiflere, kemerlere, sembollere baktı.

Fetih sonrası Akşemsettin Hoca yanına geldi. Hemen hocasının elini öpüp boynuna sarıldı.

"Hoca'm sayenizde kenti aldım. Artık tahtı bırakıp derviş olmak istiyorum."

"Neden böyle bir şeye gerek duyuyorsun?"

"Devlet işlerini yola koydum, biraz da Allah yolunda hizmet yapma arzusundayım."

"Yaşamını düşün," dedi Hoca. "Öykünde sonsuz bir zenginlik bulacaksın. Her ayrıntı, yaşam haritanın bir parçasıdır. Hayatın doğasıdır bu, öykünde her şeyi en ince ayrıntısına kadar incelersen kendinle yüzyüze geleceğin an eşiği geçtiğini görürsün. Şimdi yanından ayrılacağım; ama dediklerimi düşün. Akşam tekrar aynı konu üzerine konuşuruz."

Sultan Mehmet yaşam öyküsünü düşünürken Fatih olmasının yaşam haritasında çok önceleri yer aldığını fark etti. Öyküyü gözünün önüne getirdikçe dikkatle ve sabit bakışlarla içinde var olduğunu aklına getirmediği şeylerle temasa geçti ve devlet için daha çok hizmet yapması gerektiğini gördü. Akşam olmasını beklemeden Hoca'nın yanına gitti.

"Hoca'm çok haklıymışsınız. Benim devlete daha çok hizmet etmem gerekiyor."

"Siz çok zekisiniz Hünkar'ım. Devlet işlerine memur edilen Padişah, sizin biraz önce söylediğiniz böyle bir yola girerse esas görevini yerine getirmediği için yanlış yapacağını bilir. İslam her zaman memleket ve dünyayı idare etmenin daha üstün bir vazife olduğunu söyler. Yeterli bilgiye sahip olamayan bir sultan tahta oturursa devlet bundan zarar görür."

Konuşmanın ardına Fatih Sultan Mehmet bir daha aynı konuyu açmadı. Allah için yanan kalbini şiirler yazarak teselli buldu.

Aradan birkaç gün geçti. Kent kuşatma sırasında çok zarar görmüştü. Bunu kenti dolaşmaya çıkan Sultan Mehmet fark edince vezirleri akşam topladı.

"Tez bana Mimarbaşı'nı çağırın."

Apar topar Sultan'ın huzuruna çıkan Mimarbaşı el pençe durdu.

"Hastalık çoğalabilir. Kentin su ihtiyacını sağlayan yapılar ne durumda Mimarbaşı? Hiç araştırma yaptın mı?"

"Yaptım Sultan'ım."

"Peki durumlar nasıl?"

"Kapalı sarnıçların yanısıra açık su hazneleri var kentte. Dışarıdan kente gelen suları da hazneler yeterince topluyor. Kendim bizzat kontrol ettim. Biriken suyu basınçla kente dağıtabiliriz."

"Dağıtın bir an evvel suları o zaman," diye emir verdi. Mimarbaşı tam çıkarken onu durdurdu.

"Peki sağlam durumdalar mı hazneler?"

"Roma inşaat tekniğine göre yapılmışlar. Savaşta da hiç hasar almamışlar."

Mimarbaşı çıktıktan sonra içine geçici olarak yerleştiği eski sarayı gezdi. Burası yekpare planlanmış bir sanat eseri olma özelliği göstermiyordu. Yankıda devamlı İstanbul'da ikametgah edebilmek için yeni bir saray yaptıracaktı. Pencere kenarında durup Haliç'in güzel ve doyumsuz manzarasını seyretti. Dolunay gecesinde görünen manzara Sultan'a unutulmaz anılar yaşattı.

Ertesi gün Fatih Sultan Mehmet kenti dolaştı. Birinci kuşak (Septimus- Severus) surlarını aşan kent batıya yayılmıştı. İlerde Theodosios surlarına neredeyse yaklaşırken durdu. Biraz etrafı süzdükten sonra yanındaki Zağanos Paşa kente hayran kaldığını söyledi. Biraz konuştuktan sonra geziye devam ettiler.

Kentin çekirdeğinden kara surlarının önemli giriş kapısı olan iki ana eksene (Meşe Yolu) saptı. Burası eski Bizans'ın anıtsal tören kapısına çıkıyordu ve simgesel bir arterdi. Savaşta zarar gördüğü için onarıma ihtiyacı vardı. Atını batı yönüne doğru sürdü. Epeyi gittikten sonra Ayvansaray Surları'nda durdu.

Tarihi doku insanı büyülüyordu. Justiniaous zamanında Meryem Ana'ya ithaf edilen kiliseyi gezdi. Kydara (Alibey), ve Barbyzes (Kağıthane) derelerinin Haliç'e döküldüğü noktaya geldiler. Aziz Kosmos ve Daminas adlarına yapılmış manastıra son anda girmekten vazgeçip geri döndüler.

Zağanos Paşa sordu.

"İkametgahınız hâlâ Edirne mi olacak?"

"Yeni bir saray yapılana kadar öyle düşünüyorum," dedi, ama Hipodrom'un önünden geçerken Sultan düşündü. Burası eski Bizans'ın eğlence, siyaset merkezi ve politik mücadelerinin geçtiği yerdi.

"Paşa Hipodrom beni etkiledi," dedi birdenbire.

"Beni de Sultan'ım."

"İkametgahımı buraya derhal taşıyacağım."

"Bence de bunu ertelemememiz çok iyi olur."

Fatih Sultan Mehmet, Bizans'ın kendini güvenceye almak için kendisine eş olarak sunduğu prenseslerden Alexias Hatun ile evlendi; ancak zehirlenme korkusu yaşadığı için onunla birlikte olmadı. Bizans entrikalarının her zaman çok tehlikeli olduğunu biliyordu. Etrafında sıkı önlemler alarak eski saraya temelli olarak yerleşip makamının İstanbul'da olduğunu bildirdi.

Fatih Sultan Mehmet'in bir kez daha evlenmesi eşleri arasında kutuplaşma oluşturmuştu. Haseki Sultanlar arasında rekabet vardı. En büyük erkek çocuğun annesi Gülbahar Sultan aralarında en ünvanlısıydı. Bayezıt'a geleceğin padişahı olarak bakılması diğer erkek çocuğun annesi Gülşah Sultan'ı sık sık kıskançlık krizine sokuyordu. Sıttı Sultan ise hiç çocuğu olmadığı için Şehzade Bayezıt'ı çok seviyordu ve onu oğlu gibi görüyordu. Gülşah Sultan sarayın kapısında yeni eş Bizans Prensesi ile karşılaştı. O saraya geldiği günden beri yakınına cariyeleri çekmek için türlü entrikalar çeviriyordu. Gülşah Sultan öfkeli gözlerle ona bakıp hızla uzaklaştı yanından.

Bir gün Gülbahar Sultan ile Sıttı Mükrime Sultan dertleştiler.

"Seni diğerlerinden daha sıcak, daha samimi buluyorum," dedi Gülbahar. "Gündemde olmaktan hoşlanmıyorsun. Daha dün gelen Gülşah Sultan padişahın gözüne girmek için neler yapıyor! Bir gün benden çok fena dayak yiyecek."

"Boşver sen onu. Biz birbirimize bakalım."

"Sen beni hiç kırmıyorsun. Kendimi padişaha sürekli göstereyim, hep göz önünde olayım da demiyorsun."

"Ben zamanında Sultan'a konuştum. Aşk savaşında bilebile yenilen oldum dedim."

"Sahi mi?"

"Evet. Söyleyeceğim her şeyi en baştan söylediğim için rahatım. Anlayacağın bütün derdimi, tasamı, fikrimi, zikrimi her şeyimi Sultan'la paylaştım. Saraya sonradan gelen hatunlarla benim işim olmaz."

"Senin gibi olmayı çok isterim, ama içim içimi kemiriyor. En büyük erkek çocuğun annesi ben olduğum için Gülşah Sultan ileride Valide Sultan olmamdan korkuyor. Oğlunu Fatih Sultan Mehmet'ten sonra Sultan yapmak için elinden gelen ne varsa yapıyor."

"Bence boşuna uğraşıyor. Sen hiç merak etme Şehzade Bayezıt ilerde sultan olacak."

"Sözlerin beni rahatlattı. Şehzade Bayezıt da seni ikinci anne biliyor. Onlar bizden korksun. Boşu boşuna onlara öfkelenip enerjimi bozuk para gibi harcamayayım."

"Bence de harcama."

"Geçen gün Gülşah Sultan, Kornelya'ya senin kötü olduğunu söylüyordu."

"İftira atıyor. Ben her zaman kötü bir insan olmamaya gayret ediyorum. Her şeyin doğal olmasından yanayım. Davranışlarımı Sultan güzel bulursa ne mutlu bana!"

"Seni tanıyana kadar kadınlardan dost olmayacağını düşünürdüm. Beni yanılttın," dedi Gülbahar Sultan.

"Benim dost kavramım farklı. Karşılıksız, hiçbir şey beklemeksizin vermek, paylaşabilmek dostluktur."

"Ben de çok iyi bir arkadaşım, çok iyi bir sırdaşım. Hele hiç yanlış anlaşılmak istemiyorum. Neysem öyle görünmek istiyorum. Böyleyim işte anlayacağın."

"Seni ilk gördüğümde çok mesafeli bulmuştum," dedi Sitti Mükrime Sultan.

"Evet mesafeliyimdir. Bir çizgi vardır ben de; o çizgiyi burdaki cariyeler kolay kolay aşamaz."

"Senin gibi değilim," dedi Sitti Mükrime Sultan. "İlk başta insanlara güvendiğim için hiç mesafe koymuyorum. Hatta çok iyi puan verip arkadaşlığa başlıyorum. Halbuki bazıları hiç puan vermeden başlıyor."

"Örneğin ben."

"Ama puanımı sıfırlarsa bir insan güvenimi hak etmediği için hayatımdan çıkarıyorum," dedi Sitti Mükrime Sultan.

Aradan günler geçti. Fatih Sultan Mehmet kentteki halk arasında sıkı bağlar olmasını istiyordu. Kelam ve matematik ilminde çağın en büyük güçlerinden biri olduğu için insani ilişkilerde de bu zekasını ön plana çıkarıyordu. Ortaçağın surlarını yıkarak Avrupa'nın derebey şatolarının da toplarla çok kolay yıkılacağını tüm dünyaya göstermişti. Zaten büyük güç kaynakları bir araya toplanacağı için artık ortaçağ yıkılıp yerine yeniçağın geldiğini tüm filozoflar, alimler fikirleriyle dünyaya haykırıyordu. Büyük bir imparatorluk yolunda ilerleyen Osmanlı'nın Avrupalı'dan daha önce yeniçağa girdiği kulaktan kulağa yayılırken kentte yağmalama hâlâ devam ediyordu. Ortalık çok karışıktı ve Fatih Sultan Mehmet, Bizans İmparatoru'nun ve Şehzade Orhan'ın bulunamıyor olmasına sinirleniyordu. Herkese kesin emir verdi.

"Ölü ya da diri mutlaka bulunacaklar!"

Her yer karış karış arandı. Sonunda çalışmalar boşa gitmedi ve imparatorun yanmış cesedi bulundu. Şehzade Orhan ise iki gün sonra rahip kılığında şehri terketmeye çalışırken yakalanarak idam edildi.

Bu olay Cenevizliler'i tutuşturdu; ölmek istemiyorlardı. Fetih öncesi yapılan dostluk antlaşmasına uymadıkları apaçık ortadaydı. Sultan'ın bunu daha önceden bilip göz yumduğunu da bilmiyorlardı. Bizans surlarında şehrin düşmesinden sonra Ceneviz komutanlarının ve askerlerinin ölüleri her şeyi açıkça ortaya koymuştu ve onları paniklendiriyordu. Bu ihanetlerinin resmen ortaya çıkması ile kendilerine çok ağır ceza verileceği korkusuna kapılarak kentten kaçmaya kalktılar.

Galatalılar'ı hiçbir hukuk tanımayarak, doğrudan doğruya Fatih Sultan Mehmet Türk topraklarına bağladı ve Ceneviz Valisi'ni ve Papası'nı çağırıp konuyu görüştü. Vali ve Papaz ise bu konudaki üzüntülerini dile getirdi. Sultan sakindi. Galata'da oturan Cenevizliler için bir ferman çıkarttı.

"Eskiden olduğu gibi herkes sanat ve ticaretinde serbesttir. Kiliseler açık olacak; ancak çan çalınmayacaktır."

Fatih Sultan Mehmet azim ve irade sahibiydi. Temkinli ve verdiği kararları kesinlikle uygulayan bir kişiliğe sahipti.

Devlet yönetiminde de oldukça sertti. Savaşlardaki cesur duruşunu ve bozgunu önlemek için ileri atılarak askerleri savaşa teşvik etmesi çevresinde hayranlık uyandırıyordu.

İstanbul'u fethedip 1100 yıllık Doğu Roma İmparatorluğu'nu ortadan kaldırarak 20 yaşında Fatih ünvanını alması da onun büyüklüğünün kanıtlarından biriydi.

Onbirinci Bölüm

İnsan hayatı boyunca yaşadıklarını tekrar eder. Bu yüzden hoşlanmadığın bir olay karşısında boyun eğersen aynı olaya hep boyun eğeceğini bilmelisin

İstanbul'un Fethi ortaya önemli sonuçlar çıkarmıştı. Bin yıllık Bizans ortadan kaldırılmış, ortaçağ kapanıp yeniçağ başlamıştı. Dünya bu fetihden çok etkilenmişti. Güçlü kalelerin, kulelerin ve şatoların büyük toplarla yıkıldığı görüldüğü için derebeylik zayıflayarak merkezi krallıklar güç kazandı. İstanbul'un Fethi'yle İtalya'ya kaçan bilim adamları Rönesans'ı başlattı. Ayrıca ticaret yolları Türklerin eline geçtiği için batı dünyası yeni yerler arıyordu. Bu nedenle coğrafi keşiflerin hızlanacağı düşünülüyordu.

Fatih Sultan Mehmet ile Osmanlı'da kuruluş dönemi kapanıp yükselme dönemine girildi. Devletten imparatorluğa geçildiği için daha yoğun çalışıyordu Fatih Sultan Mehmet. Kırım dışında Karadeniz ticaretine de egemen olmayı kafasına koymuştu. Çok uluslu yapıya sahip olmasından dolayı hırıstiyanlarla yeni ilişkiler kurmak için çok diplomatik davranıyordu. Venedik'le anlaşarak Osmanlı'ya karşı ayaklanan beyleri iyice sindirme arzusundaydı. Bu yüzden vakit kaybetmeden vergi ödemeyen beyleri kısa sürede Osmanlı egemenliği altına aldı. Belgrad hariç Sırbistan, Eflak, Boğdan, Bosna Hersek, Arnavutluk bunların arasındaydı. Sefer dönüşü İstanbul'da dinledi. Şimdiki amacı Anadolu'da siyasi birliği sağlamaktı.

Bir gün Fatih Sultan Mehmet, yanına bir rehber alarak Hoca Akşemseddin ile kenti dolaştı. Kentte hâlâ ilk çağa ait mimari eserler vardı. Esası bir çarşı, bir toplantı yeri olan bazilikayı ağır ağır gezdi. İlerde bazilika planı olan bir kilise gözüküyordu ve uzun bir yapıydı. Mimarisini merak edip içeri girdi. İçi iki sütun dizisi ile üç nefe ayrılmıştı. Doğu ucundaki yarım daire biçimindeki dışarı taşan apsis, büyüklüğü ile göz kamaştırıyordu. Narteks adlı hol ise batıdaydı. Hole varınca iki yanındaki merdivenlerden çıktı. Burada neflerin üstünde kadınlara ait galeriler vardı.

Çok fazla oyalanmadan tarihin izlerini gözlemledi. Akşemsettin Hoca da yaşlı olmasına rağmen kendisine çok rahatlıkla eşlik ediyordu. Aziz Ioannes Prodromus'a itihaf edilen kilise ilerdeydi. O tarafa yöneldiler. Merkezi planlı yapıda yuvarlak bir mekan oluşturulup üstü kubbe ile kapatılmıştı. Mekanı iyice süzen Fatih Sultan Mehmet buranın cami yapılmasını istedi. Çıkışta soldaki sütunun süslemelerinin yangın nedeniyle tahribata uğradığını gördü.

"İstanbul'u gezmeyi seviyorum."

"Ben de," dedi Hoca Akşemsettin.

Birlikte tarihi merkeze doğru gittiler. İstanbul'un çeşitli yerlerine anıt dikilmişti. Hipodrom U biçimdeydi ve ortasında Dikilitaş Anıtı vardı. Anıt adeta meydanın simgesi olmuştu. Pembe granitten yekpare olan Dikilitaş 390 yılında buraya getirilmişti. Mermer üzerindeki dört bronz ayağa baktı Sultan Mehmet. Kaidenin dört yüzü de kabartmalarla kaplıydı.

"Kabartmalar kime ait?" dedi yanındaki İstanbul rehberine.

Adam kenti çok iyi biliyordu.

"I. Thedosius ile onun oğulları, karısı ve yardımcıları ile Hipodrom'da gösterilen şovların sahnelerinden görüntüler kabartma olarak yapılmış. Diğer yüzünde ise anıtın dikilişi tasvir edilmiş Hünkar'ım."

"Sanatçıları severim," dedi Fatih Sultan Mehmet.

Yılanlı sütuna ve parkdaki (Gülhane) Gotlar Sütunu'na uzaktan göz ucuyla bakan Fatih Sultan Mehmet Thedosius Formu'ndaki (Beyazıt Meydanı) zafer takını dolaşırken aklına kuşatma öncesi gördüğü rüya geldi.

"Hoca'm yarın sizinle Haliç civarını dolaşalım. Artık Eyüp Sultan Hazretleri'nin kabrini bulmalıyız."

"İstanbul'a geldiğimden beri pirin kabrini düşünmekteyim Sultan'ım. İnşallah onu yakında gün yüzüne çıkaracağız."

Ertesi gün konuştukları gibi tekrar bir araya gelip yanlarında rehber ile Marmara kıyısına geldiler.

"Eyüp Sultan Hazretleri'nin yattığı yeri bulmalıyız," dedi Fatih Sultan Mehmet.

"Kabre ilişkin bir bilgi hissedersem size bildireceğim."

Haliç'in yakındaki manastıra uzaktan baktı Fatih Sultan Mehmet. Kabiri her ikisi de bulmak istiyordu. Kuzeyden İstanbul'un ilginç topagrafyasını oluşturan tepeleri birleştirip sur dışına çıkan aksa doğru yürüdüler. Hoca Akşemsettin civardaki derelerin Haliç'e döküldüğü yerin batısındaki araziye gözünü dikti, sonra orayı işaret edip Sultan'la yavaşca oraya çıktılar. Civar yamaçlar mezarlıklarla çevriliydi. Yanlarındaki rehber onlara şöyle dedi.

"II. Theodosios zamanında yapılan manastırlar ve çevrenin güzel görünümünden dolayı buraya Yeşil Bölge deniliyor. Çevredeki dini yapılar nedeniyle burası kutsal bir şifa merkezidir."

Fatih Sultan Mehmet görüntüden etkilenmişti.

"Haliç'in diğer sahilleri gibi burası zengin ve yoğun bitki örtüsüyle kaplı," dedi. "Civardaki ormanda av hayvanları da vardır. Ormanı av sahası yapıp burayı sayfiye geri olarak kullanmalıyım."

Dolaşırlarken Hoca Akşemsettin birden heyecanlandı. Gözlerini dört açıp ileri uzun uzun baktıktan sonra haykırdı.

"Karşı tepenin eteğinde nur var!" dedi. "Orayı bir iki arşın kadar kazdıralım. Ortaya beyaz bir mermer çıkacaktır."

Fatih Sultan Mehmet arkadan gelen askerlere emir buyurdu.

"Tez derhal Hoca'nın söylediği yer kazılsın."

Kısa sürede bahsi geçen yer kazıldı. Sultan ve Hoca büyük bir merak içindeydiler. Gerçekten de orası kazılır kazılmaz ortaya bahsettiği beyaz mermer çıktı. Üzerinde şu sözler yazılıydı.

"Haza kabri Halit İbni Zeyd."

Parıldayan mermer Eyüp Sultan Hazretleri'nin kabrini işaret ediyordu ve kaybolan kabir artık ortaya çıkmıştı.

Fatih Sultan Mehmet kara surları ile Haliç surlarının birleştiği yere yakın olan kabrin üzerine türbe yapılması emrini verip atına doğru yürüdü. Hoca Akşemseddin de ağır ağır onu takip ederek öğrencisiyle duygularını paylaştı.

"Eyüp Sultan, Hz. Muhammed'in bayraktarlığını yapmış büyük bir pirdir. 7. yy. Arap kuşatması esnasında buraya yakın bir yerde hayata gözlerini yumduğu rivayeti dilden dile yıllardır dolaşıyordu. İstanbul'u alıp Türk topraklarına katmakla çok büyük bir görev yaptın."

"Sultan Eyüp Hazretleri bir gece rüyama girmeseydi belki bu kadar inançlı olmayacaktım. Bana mezarının İstanbul'da olduğunu söylemişti. Kabri ortaya çıktığı için kalbim huzurla doldu."

Onların konuşmalarını dinleyen rehber söz almak için izin istedi.

"Sultan'ım kent halkı kabrin çıktığı yeri uzun yıllardır kutsal bir mahal olduğu söylüyordu ve onlar yıllardır bu mekana gelip dua ederler."

"Kabrin yeri tam olarak biliniyor muydu peki?"

"Tam olarak bilinmiyordu; ama civarda bir yatır olduğu rivayeti vardı. Bu yüzden İstanbul halkı yağmur duası için gelip burada yıllardır dua ederler."

"Hemen buraya bir cami yaptıracağım," dedi Fatih Sultan Mehmet. "Böylece şehrin ilk külliyesi burada kurulsun."

Günler hızla geçerken kabri şerifinin üzerine Sultan bir türbe, yanına bir cami ve ilim öğrenmek isteyen talebelerin kalabileceği odalar yaptırmak için Mimarbaşı'nı görevlendirdi.

Fatih Sultan Mehmet sarayda dinlenirken yanına bir gün Hoca Akşemseddin geldi.

"Artık Göynük'e yerleşmek istiyorum," dedi.

"Hoca'm gitmeyin, benimle İstanbul'da kalın."

"Ziyaretine sık sık gelirim, sefere çıktığın zamanlarda da mutlaka sana eşilk edeceğim."

"Madem önemli anlarda yanımda olacaksın var git Hoca'm yolun açık olsun."

"Senin de açık olsun."

Fatih Sultan Mehmet, Hoca'sını geçirirken kapıda biraz durdurlar.

"Halka çok iyi davrandın. En güzel adaletin masumlara yardım etmek olduğunu biliyorsun."

"Sizden çok şey öğrendim. Masum insanların hakkını yiyen insanlar var dünyada. Öyle vurdumduymaz insanlar ki onları gördükçe kahroluyorum. Acımam mı gerekir, kızmam mı gerekir bilmiyorum. Karşıma alıp doğruları anlatmak istesem kalpleriyle beni dinleyip dinlemeyeceklerini de kestiremiyorum. Cesaret, bazen cehaletten de olabiliyor."

"Doğru söylersin Sultan'ım. Bazı insanların kalpleri mühürlenmiş gibi... Gönül gözü açık insanlar da var. Hele onlar seni çok sevdi. Şehrin ticaret merkezi olan Galata'dan kaçmış olan Rumları ve Cenevizlileri de çağırarak işlerine sahip çıkmasını istedin. Adaletli bir Hükümdar'sın ve halkının içinde bunu takdir eden kimseler var."

"Ama İstanbul'un fethi sırasında ve ilk tahta geçtiğimde beni kabiliyetsiz bulanlar vardı."

"Biliyorum."

"Çandarlı Halil Paşa'nın beni sabırsız, deneyimsiz olarak nitelemesine çok içerlemiştim. Siz onu görevden almama engel oldunuz; ancak başıma bir iş açmasından çekinmekteyim. Bu yüzden ona artık dur deme vaktim geldi."

"Bundan sonrası senin kararın."

Hoca Göynük'e geçtikten sonra Fatih Sultan Mehmet, Halil Paşa'yı Yedikule zindanlarında kırk gün hapis etti. Daha sonra da Sultan'a itaatsizlik gerekçesi ile Edirne'ye gönderip idam ettirdi.

Çandarlı Halil Paşa, idam edilen ilk Osmanlı sadrazamı olmuştu. Bu durum diğer vezirleri ürküttüğü için daha dikkatli davranmaya çalıştılar.

İstanbul'daki azınlıklar arasında dini konular üzerine sorunlar baş gösteriyordu. Sultan, Rum Patrikhanesi Papazı ile görüşerek patrikhanenin kapatılmayacağı hususunda fikrini belirtti. Yahudiler de bu durumu değerlendirip Sultan'ın huzuruna çıktı. Fatih Sultan Mehmet herkesi inancında özgür bırakmıştı. Yahudiler için bir hahambaşılığı ve Ermeni Patrikhanesi kurdurdu.

Fatih Sultan Mehmet İstanbul halkını kısa sürede çok iyi gözlemleyip tanımıştı. Farklı dinlerden insanların bir arada yaşadığını bildiğinden İstanbul'u ticaret ve kültür merkezi olan bir başkent yapmayı amaç edinmişti.

Fetih sırasında çok hasar gören şehirde imar çalışmalarını ele almak için tüm mühendisleri, teknik adamları huzuruna çağırdı.

"Kent çok hasar gördü. Vakit kaybetmeden şehrin onarımına girişmeliyiz," dedi ve Mimarbaşı'nın biraz öne çıkmasını emir buyurdu.

"Ayasofya'yı camiye çevireğiz. Mühendisler kentin imarı ile ilgilenirken sen bu işe öncelik ver. Bizans'ın izlerini asla yok etmek istemiyorum. Onlardan kalan eserleri Osmanlı yapısı içinde yeniden ortaya çıkarmayı arzuluyorum. Kurduğum imparatorluk, bir İslâm İmparatorluğu olmakla birlikte kozmopolit bir yapıya da sahip. Bu yüzden Rum Ortodoks Patrikhanesi, Ermeni Patrikhanesi ve Yahudi Hahambaşılığı için çalışmalar yaptığımı biliyorsunuz."

Mimarbaşı'nı ve mühendisleri görevlerini başına gönderdikten sonra Zağanos Paşa'yı çağırdı.

"Ortodoks kilisesiyle, Katolik kilisesi kesinlikle birleşmemeli. Bunu önlemek için hıristiyanlar arasında sevilen Yorgo Skolaris'i yeni Ortodoks Patriği olarak atanmayı düşünüyorum. Tez kendisine haber edin, yarın huzuruma çıksın."

"Emredersiniz Sultan'ım."

Görevi devir alan Patrik, Sultan'dan ibadetleri için kilise istedi; Ayasofya'yı camiye çevrildiğinden patriğe resmî makam yeri olarak Havariyun Kilisesi'ni verdi.

Yahudiler de hahambaşları belli olmadığı için huzursuzdu. Konuyu Sultan ile görüştüler. Moşe Kapsali'i de Hahambaşı olarak atadıktan sonra Fatih Sultan Mehmet İstanbul Ermeni Patriğini de belirleyerek görevinin başına geçmesini sağladı.

Ortodokslara ve Cenevizlere tanıdığı haklar ile Fatih Sultan Mehmet azınlıklar tarafından çok sevildi. Hatta bu iki zümre üzerinde Avrupalılar'ın etkisi azaldı. Pek çok alim Türklerin Avrupa'da hızla ilerleyeceğini düşünüyordu. Yanılmıyorlardı. Çünkü İstanbul'u fetheden Fatih pek çok etnik gurubu arkasına alarak Katolik Avrupa'ya cephe aldı. Ortodoks hiristiyanlığı ile katoliklerin birleşmesini önlemişti ve Papa kutuplaşmanın olmasından çok rahatsızdı. Bu yüzden İstanbul'u korumak için haçlı ordusunu bir araya getirmeye çalıştı; ancak çok az gönüllü dışında kimse orduya katılmadı. Ortodosk halk ve papazlar dinlerini korumak için Latinler'le bir arada yaşamaktansa İstanbul'da Türk sarığı görmeye gönüllüydü. Böylece büyük Sultan cihan devletinin temellerini attı.

Fatih Sultan Mehmet teşkilatçı bir devlet adamıydı. Kırmızı beyaz yüzü, dolgun vücudu, kalın telli sakalları ile çok heybetliydi. Kuvvetli fiziki yapıya sahip olup saçları siyahtı. Yaşamında bir yandan kılıç kullanırken bir yandan da pek çok keşifte bulunmuştu. Hatta çağ açıp çağ kapayarak tüm dünyada cihan imparatoru olarak kabul edilmişti.

Ülkenin düzenli gelişimi için imar çalışmaları devam ederken Fatih Sultan Mehmet devlet yönetiminde lüzum ve ihtiyaç görüldükçe kanunlar ve fermanlar yayınladı. Osmanlı Devleti'nin temel kanunu olarak Fatih Kanunnamesi'nin hazırlanması için Karamani Mehmet Paşa'yı görevlendirdi. Sadrazam Nişancı Mehmet Çelebi bu önemli görevi kaleme aldı.

Eski saray küçüktü. Beyazıt'taki Theodosius Forumu'nun olduğu yerde daha büyükçe sarayının inşaasını başlattı; ancak Sarayburnu'nu gezintiye çıktıkça daha çok beğeniyordu. Saray bittikten sonra buraya göz dolduran bir saray daha yaptırmayı planlarının içine aldı.

Bir gün sarayda dolaşırken eşlerinin arasındaki kavgaya şahit oldu. Gülşah Sultan, Gülbahar Sultan'a lafla sataştığı için kavga çıkmıştı. Olayın sakinleşmesinin ardına Gülşah Sultan'ı huzuruna çağırdı.

"Bu ne rezillik! Sen de benim eşimsin, diğerleri de... Neyi alıp veremiyorsun?"

"Sultan'ım bir tek size güveniyorum; ama etrafımdakilere güvenemiyorum," diyerek Sultan'a diğer eşleri kötüledi. Amacı Sultan'ın gözüne girip Şehzade Mustafa'nın ilerde padişah olmasıydı.

Ancak Sultan çok deneyimli biriydi ve onun ne için uğraş verdiğini çok iyi biliyordu. Kıskanç bir kadını anlamanın ilk adımının güven olduğunu yüreğinin ta en derinliklerinde hissediyordu. Sultan'ın yumuşadığını fark eden Gülşah Sultan sordu.

"Beni seviyorsunuz değil mi?"

"Evet."

"Ne kadar?" diye sormasına Fatih Sultan Mehmet içinden güldü. Bir nevi ruhunun okşanmasına ihtiyacı olan eşine;

"Çok," deyip alnından öptü ve ortalık sakinleştiği için onu gönderip Hasodabaşı'yı çağırdı.

Akşamki ziyafet için giyeceği kıyafeti seçmesini istiyordu. Eşinin kıskançlık krizi ile uğraşan padişah Hasodabaşı'na dert yandı.

"Nasıl onları sevdiğimi anlamadıklarına şaşıyorum. Şehzade anaları birbileri ile rekabet ettikçe başım ağrıyor."

"Aklınızın bir başka güzele kaymasından da hepsi korkuyor olabilir Sultan'ım."

"Evet hepsinde korku var; ama Sitti Sultan'ı ayrı tutmalıyım. Onun bir kez hırçınlığına yıllar önce şahit olmuştum. Ama sonradan her şeyi kabullendi. Onun bu ağırbaşlılığını ayrı seviyorum."

"O saraya geldiği günden beri hiç kimse ile tartışmadı Hünkar'ım."

"Kıskanlığın önemli bir nedeni sevilmeye ihtiyaç duymak olduğuna göre onlara arada bir sevgimi göstemekten çekinmemeliyim."

"Haklısınız Hünkar'ım."

"Kıskançlık sahip olduklarını koruma isteğinden kaynaklanan bir tür korkudur. Sahip olduğumuz şey sevgi ise kaybetme korkusu yaşamak; sevgiyi dinamik tutmak için biraz gereklidir."

O gece saraya bir düzen getirmek isteyen Sultan, Aga-i Bâbu's-saâde (kapı ağası)'nı ve diğer ağaları apar topar çağırdı.

Önce Kapı Ağası geldi. Bu adam hem baş nazır, hem de Bâbu's Saâde denilen kapının amiriydi. Önemli kapıyı muhafaza etmekle görevi olan ağa sarayın en nüfuzlu ağası ve haremin en büyük zabiti durumundaydı.

Kapı ağasının emrindeki ak hadımlar da sarayın tüm kapılarını muhafaza ediyordu.

Sultan, tedirgin gözlerle bakan ağaya kaşlarını çatarak konuştu.

"Kadınların hareminde görev yapan Kara Hadım Ağası niye gelmedi?"

"Haber ettik, şimdi gelir Sultan'ım."

Odada sağı solu turlatan Sultan sabırsızlanırken Kara Hadım da geldi.

"Konuşacaklarımı iyi dileyin," dedi ve başladı açıklamalarına.

Kara Hadım Ağası, ak hadımların en üst rütbelisiydi ve Kızlar Ağası olarak haremde görev yapıyordu.

"Haremde herkes birbirini yiyor. Eşlerim birbiriyle geçinemiyor. Annem çok erken yaşta rahmetli oldu. O Valide Sultan olarak haremin yönetimini eline alsaydı her şey daha farklı olabilirdi. Büyük oğlumun annesi Gülbahar Sultan ilerde Şehzade Bayezıt padişah olursa inşallah bu görevi layıkıyla yapar. O gün gelene kadar haremin daha iyi bir eğitim almasını istiyorum. Harem de bundan sonra enderun gibi iyi bir eğitim verilecek. Nasıl enderuna belirli şartlardaki gençleri alıyorsak cariyeleri de devlet hizmeti için çok iyi yetiştiriceğiz. Harem de cariyelere iyi eğitim veren bir okul olacaktır. Yönetim eksikliğinde bir kargaşadır gidiyor. Görevlerinizi layıkıyla yapsanız kimse kimse ile kavga etmez. Harem önemli bir yer! Padişah anaları ve eşleri geçmişte orada yaşadı ve bundan sonra da orada yaşayacaklar.

Cariyeler birbirleri ile kavga edene kadar dil, din, sanat eğitimlerini iyi sürdürmeliler. Cariyeler arasında ilerde bu bölümü yönetecek Valide Sultan'a ve padişaha hizmet edecek yüksek rütbeli kimseler olacaktır. Herkes padişah odalığı ya da gözdesi olamaz. Aralarında devlet görevlileri ile evlenecek cariler yetişecektir. Haremdeki en yüksek rütbeli zabit ağa sen değil misin Kızlar Ağası?"

"Benim Sultan'ım."

"Bundan sonra gözüm üzerinde olacak. Cariyeler arasında sorun istemiyorum."

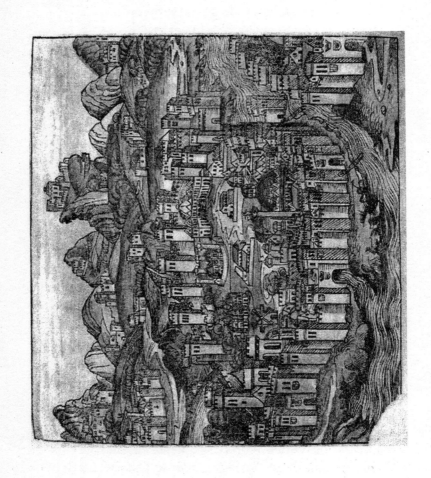

Onikinci Bölüm

Akıllı insan yanında aynı fikri paylaşmadığı kimse olmadan sefere çıkmaz ve kendini başkalarına methetmez

Osmanlı Devleti'nin protokol kurallarının yeniden hazırlandığı ve yönetim, maliye ve hukuk alanında koyduğu kuralları içeren Fatih Kanunnamesi bugün divanda görüşülecekti. Bu kanunnamede, tahta çıkan padişaha devletin geleceği için kardeşlerini öldürme hakkı vermesi yasası üzerinde son çalışmalar yapan Fatih Sultan Mehmet Divan-ı hümayun'daki yerini saat onda aldı. Kanunname kabul edildikten sonra kardeş katli yasası çıkmış oldu.

O batı dillerinden birkaçını çok iyi bildiği için dünyadaki gelişmeleri de sıkı sıkıya takip ediyordu. Avrupa literatürünü de izlemeyi ihmal etmeyen Sultan devletin gelişimine katkıda bulunuyordu.

Zaman geçtikçe Fatih, Osmanlı Devleti'ne düzenli ve sürekli bir yapı kazandırmak için önemli düzenlemeler yaptı. Divandaki toplantılara da katılmamazlık hiç etmiyordu.

Merkez teşkilatının temel unsurları; Divan-ı hümayun ve kalemleri, Bab-ı asafi ve kalemleri ile Bab-ı defteri ve kalemleriydi.

Divan-ı hümayun da siyasi, idari, askeri, adli ve mali tüm işlerin dışında bir de halkın şikayetleri görüşülürdü. Divan her sınıfa, kadın ve erkek herkese açıktı. Herhangi bir haksızlığa uğrayanlar amirleri şikayet edip Divan-ı hümayuna bizzat başvurabiliyordu. Toplantı haftanın dört günü olduğu için halkın görüşeceği günlerde çok fazla kalabalık olmuyordu. Cumartesi başlayıp Salı günü biten divan toplantılarında teşkilat görevlileri divan işleri hakkında ayrı ayrı izahatta bulunuyordu.

Bir gün Fatih Sultan Mehmet Divan-ı hümayun'da şikayeti olan halkı sıra ile dinliyordu. Beş kiyi dinleyip sorunları hallettikten sonra içeri yaşlı bir adam girdi.

Siyah şalvarı, başındaki sarığı ile orta halli birine benziyordu. Öfkeli adam kaşlarını çatıp derdini anlatmadan önce sordu.

"Hanginiz Sultan!"

Fatih Sultan Mehmet dahil herkes bu sözlere çok şaşırdı. Vezirler ve divan üyeleri bakışlarını Sultan'a çevirdi; ancak Fatih Sultan Mehmet adama hiç kızmadı. Hatta yaşlı adamın işini halledip gönderdi. Fakat o günden sonraki toplantılara katılan Fatih divan toplantılarını kubealtının kafesli penceresinden izledi. Adalet Kulesi adı verilen yerden divan toplantılarına katılan Sultan artık halkla ve teşkilat görevlileri ile yüz yüze görüşmeyi hiç düşünmeyerek toplantıyı kafes arkasında takip etmeyi uygun buldu.

Devletin iyi temellere oturması için iyi yetişmiş görevlilere ihtiyaç olduğunu düşünen Fatih Sultan Mehmet Sahn-ı Seman medresesini (İstanbul Üniversitesi) kurmak istiyordu; ama diğer yapacağı işler ön plana çıktıkça bu işi erteledi.

İstanbul'un fethinden sonra Osmanlı'ya bağlı olan Sırplar, Macarlar ile iş birliği yaparak yeniden düşmanlıklarını gösterdiler.

"Bu yıl çetin geçecek," dedi Fatih Sultan Mehmet yanından ayrılmayan Zağanos Paşa'ya.

"Dedeniz Yıldırım Bayezıt zamanında vergiye bağlanan Eflâk Prensliği'n de şu an çok sorun var. Oraya bir çözüm getirmeliyiz."

"Oranın başına Vlad (Kazıklı Voyvoda) getirelim," dedi Fatih Sultan Mehmet ve 1456 yılında Vlad prensliğin başına geçti.

Osmanlılar'a ilk başta bağlı görünen Vlad zaman geçtikçe gizliden gizliye düşmanlık etmeye başladı. Fatih elçilerini göndererek olayların yatışması için kolları sıvadı; ancak Vlad'ın Fatih'in elçilerini kazığa oturtarak öldürdü. Bunun üzerine Fatih, Eflâk'a bir sefer düzenledi. Boğdan'dan da yardım alan Osmanlı kuvvetleri Voyvoda'yı uzun süre takip ederek köşeye sıkıştırdı.

Macarlar, voyvodayı sevmiyordu, Osmanlılarla yaptıkları anlaşma üzerine Vlad'ı esir alıp zindana attılar. Böylece mesele çözüldü. Fatih voyvodalığa ise Radul'u getirerek Eflâk bir Osmanlı eyaleti oldu.

Şehzade Bayezıt yedi yaşına gelmişti. Fatih oğlunun iyi bir devlet adamı olarak yetişmesi için Hadım Ali Paşa nezaretinde onu Amasya'ya sancak beyi tayin etti. Dönemin en ünlü alimlerinden ders almasını emir buyurmuştu. Padişah olmasını istediği için ona göre bir eğitim aldırmak istiyordu. Amasya bir eğitim kültür merkeziydi. İslam ilminin yanında matematik ve felsefe dersleri de almasını emir buyurdu.

Sırbistan da karışıktı. Sefer düzenleyip Türk topraklarına katmak için plan yaptı Fatih Sultan Mehmet.

O soğukkanlı ve cesur bir sultandı. Kısa sürede hazırlıklar bitti ve yola koyuldu ordu. Düşmanla savaş yağmurlu bir gün başladı; ancak yeniçeriler gereken başarıyı götseremiyordu. Askerlerin gevşediğini fark eder etmez Sultan önlerine geçip düşman hatlarına girdi. Ne istediğini, ne yapacağını, ne yapabileceğini bilen ve bu büyük işleri başarabilmek için gerekli tedbirleri alan bir komutandı.

Fatih Sultan Mehmet'in yorulmak bilmeyen bir azmi, sabrı ve sukûneti vardı. 1457 yılının ortalarında Belgrad dışındaki bütün Sırp toprakları ele geçirildi. Sırp Kralı

Bronkoviç kendini güvenceye almak için kızını Fatih'e eş olarak verdi. Prenses, Fatih'e uzun zamandır hayranlığı olan biriydi. Gözlerindeki sevgiyi fark eden Sultan diğer prenseslerde duyduğu zehirlenme korkusunu yaşamadı. Güzel kız Müslüman olup Gülçiçek Hatun adını aldı. O güzeldi ve güven veren biriydi.

Birkaç ay sonra Bronkoviç öldü, onun ölümüyle taht mücadelesine giren Sırbistan'ı Fatih Sultan Mehmet vergiye bağladı.

Fatih Sultan Mehmet, etrafının çepeçevre düşmanlarla çevrili olduğunu biliyordu. Özellikle doğuda sıkıntı yaratan yeni kurulmuş Akkoyunlu Devleti Hükümdarı Uzun Hasan, Osmanlı sınırına sık sık saldırıyordu. Daha doğru dürüst ülkesinin içişlerini bile düzeltemeden 150 senelik büyük ve esaslı bir kuruluşa sahip Osmanlı Devleti'ne karşı meydan okumaya kalkışması onun açısından hiç iyi olmayacaktı Bu halleri belki de felaketine sebep olacaktı; çünkü daha fazla rahatsızlık verirse Fatih üzerine ordusu ile yürüyecekti. Ama Uzun Hasan onun gücünün farkında değildi.

Tüm bunlar yetmezmiş gibi Mora da karıştı. Bunun üzerine Fatih komutanlarını yanına çağırdı. Onlara aynı anda birkaç sefere çıkılarak sorunların halledilmesini planladığını açıkladı. Görüşmeler devam ederken Bizans İmparatoru XII. Konstantin'in oğulları, rakipleri Kantakuzen ailesine karşı tahtlarını korumak için Mora'da, Osmanlılar'ın yardımını istedi.

Fatih Sultan Mehmet, Turahanoğlu Ömer Paşa'yı bu konu için görevlendirdi. Akıncıları ile duruma müdahale eden Paşa başarı ile döndü; ancak rakipleri ortadan kalkınca bu sefer iki kardeş arasında taht mücadelesi başladı.

Komşu devletlerin bu durumdan yararlanıp Mora'yı istilâ niyetlerini anlayan Fatih 1458'de harekete geçti. Korent'i ele geçirerek Mora'nın bir kısmını merkeze bağlayıp sancak oluşturdu. Fethettiği yerin kralı Mora Despotu ise kızı Helene'yi ona eş verdi. Fatih Mora Despot'luğuna hiç güvenmezdi, bu yüzden yeni eşini İstanbul'a getirmeyip sancakta bıraktı. Zaten tarih Bizans kraliçelerinin eşlerini zehirlemesi olayları ile doluydu.

Fatih Sultan Mehmet İstanbul'un alınmasıyla Akdeniz ile Karadeniz arasındaki tek su yolu olan İstanbul ve Çanakkale Boğazları'nı rahatlıkla kontrol ediyordu; ama donanmaları güçlü değildi. Bu yüzden denizciliğe önem vererek çeşitli yerlerde tersaneler kurdurdu. Kısa sürede denizlerde Venedik ve Cenevizliler'le mücadele edecek duruma geldi.

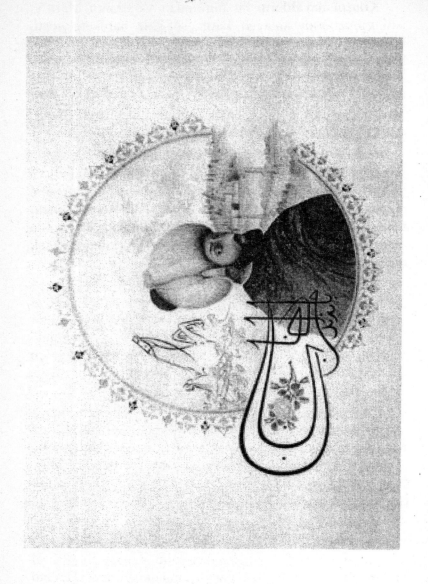

Onüçüncü Bölüm

Kendi omuzlarına tırmanırsan sonsuz tekrarların hep sana başarı getirir

Zaman su gibiydi. Gülşah Sultan, harem'e Gülçiçek Hatun'un gelişi ile çok kıskandı. Sık sık onunla kavga etti. İstanbul'dan ayrılmak isteyen Gülçiçek Hatun da Edirne'deki sarayda yaşamak için Fatih Sultan Mehmet ile görüştü. Eşleri arasında sorun istemeyen padişah bunu uygun gördü. Ama haremde olaylar hiç durulmuyordu.

Gülşah Sultan en sonunda sancak beyi olan Şehzade Mustafa'nın yanında yaşamayı arzuladı. O da Sultan'dan izin alıp Karaman'a geldi. Oğlunun yaşı küçüktü ve paşa nezaretinde işlerini yürütüyordu. Oyun çağında olduğu için de günün büyük bir bölümünü oyunla geçiriyordu.

Gülşah Sultan ilerde oğlunun padişah olacağını düşünüyordu. Yaşı küçük olan oğlunun iyi eğitim almasını istediği için Karaman'da tamamen onun eğitimiyle ilgilenmeye karar verdi. O insanların yaşamayı, doğayı sevmeyi, düzenli olmayı, çalışmayı çocukken öğrendiğini bildiği için en iyi hocaları saraya getirtti. Bir gün oğlunun hocasına şöyle dedi.

"Kendi çocukluğumdan biliyorum. Çocukların dünyası yetişkinlerin sandığından daha geniştir. Şehzadenin hayal dünyasını, umutlarını, beklentilerini ve içinde yaşadığı fırtınaları anlayabiliyorum. Bir zamanlar çocuk olan yetişkinlerin de çocukların dünyasına kolayca girmesi gerektiğini düşünüyorum."

"Sizinle aynı fikirdeyim."

Ders bitiminde Gülşah Sultan yanına şehzadeyi çağırdı. Bir çocuğa en iyi ulaşabilecek yolun masal anlatmak olduğunu biliyordu. Oğluna geçmişi anlatan bir masal anlattı.

"Masal dinlemeyi seviyorum," dedi Şehzade Mustafa.

"Biliyorum."

"Nereden biliyorsun?" diye annesine gözlerini kocaman açarak sordu.

"Masallar, öyküler çocukların dünyasına açılan kapılardır. Masallarla düş dünyası zenginleşen çocuklar yaşamı daha kolay tanıma şansına erişirler."

Günler böyle geçerken Fatih Sultan Mehmet, Karadeniz'e de hakim olmak istedi. Venedik ve Cenevizliler'in İslam dünyasının aleyhine yaptıkları esir ticaretini önlemek, İstanbul'a gelen ticari malların taşınmasında esas rolü oynayan Kırım sahillerini de ele geçirmek için hazırlığa girişti.

İlkbaharda Rumeli'deki kuvvetleri Edirne'de Sadrazam Mahmut Paşa komutasında topladı, kendisi de Bursa'da Anadolu kuvvetlerini toparladı. Ayrıca bir donanma hazırlattı, orduyu doğu yönüne yürüyüşe geçirirken, donanma da Karadeniz'e açıldı. Önce Amasra'yı ele geçirmek, sonra da Sinop'u kuşatmayı planlıyordu.

Karadeniz'i bir Türk Gölü haline getirmek amacıyla hareket eden Fatih, ordusunu Karadeniz'in en uç noktasına kadar götürmeye kararlıydı. İşe ilk başta 1459'da Amasra'yı denizden ve karadan kuşatarak girişti ve kısa sürede kenti fethetti. Batı Karadeniz'de önemli bir ticaret merkezi olan Amasra, uzun zamandır Cenevizliler'in elinde idi. Trabzon'a kadar gitmek arzusundaydı; ancak Mora karıştı ve Sırbistan'da taht kavgaları alevlendikçe alevlendi. Mahmut Paşa'ya Sırbistan meselesine son vermesini emrederek sefere gönderdi.

Mahmut Paşa da 1459 yılının ortalarında Sırbistan'ın başkenti Semendire'yi ele geçirerek Semendire Sancakbeyliği'ni oluşturdu. Atina ve diğer bölgeler de Güçlü Osmanlı yönetimini kabul etti. Böylece Sırbistan'da Osmanlı hâkimiyeti başladı.

1459 yılının 22 Aralık gecesi Cem Sultan'ı dünyaya getirdi Gülçiçek Hatun. Cumartesiyi pazara bağlayan geceydi. Edirne'de üçüncü oğlunun dünyaya geldiğini öğrenen Fatih hem sevindi, hem de üzüldü. Oğulları arasında taht kavgası istemiyordu. Tahtına aslında Bayezıt'ın çıkmasını isterken bu kararından son anda vaz geçmişti; çünkü Bayezıt çok çekingen bir yapıya sahipti. Bu yüzden Şehzade Mustafa'nın ilerde yerine geçmesini istiyordu. Zaman geçtikçe Bayezıt ve Cem Sultan ile fazla ilgilenmedi, hatta onlardan biraz uzak durmaya çalıştı.

Aradan yıllar geçti. Şehzade Cem Sultan 9 yaşında Kastamonu Sancak Beyi oldu. Abisi Mustafa Karaman'da, Bayezıt ise Amasya'da sancak beyiydi. Şehzade Mustafa her zaman atak bir yapıya sahipti; ama zamanla Cem Sultan da babasının gözüne girip sevgisini kazandı.

Doğuda hiç sorun bitmiyordu. Akkoyunlu Devleti sınırlarda zorluk yaşatırken Fatih Sultan Mehmet Uzun Hasan'ın üzerine yürümek istemiyordu. Bu yüzden yeni seferin yönü Doğu Karadeniz olacaktı. Sefer hazırlıkları devam ederken aklı Akkoyunlu Devleti'ne takıldı. Ani bir kararla doğuya istihbaratçılar gönderip Uzun Hasan hakkında bilgi topladı. Artık Uzun Hasan'ın zayıf ve kuvvetli yönlerini biliyordu. Halkına güven verdiğini, çok cesur ve savaşçı bir komutan olduğunu öğrendi. İlerde savaş olma ihtimalini düşünen Fatih savaş taktiklerini ona göre geliştirmek için dağlık alanı ve Erzincan'ı iyi bilen gezginleri yanına çağırdı. Gelenler arasında bir tüccar vardı. Akkoyunlu Devleti'nden Osmanlı'ya sığınan bu tüccar onun Trabzon İmparatorluğu prenseslerinden biriyle evlenerek bu imparatorluğu kendi tarafına çektiği söyledi.

"Bu evlilik ve kısa süre içinde kazandığı başarılar güvenini artırmış olmalı. Ama benim kim olduğumu bilmiyor. Osmanlı'ya baş kaldırmaya devam ederse kim olduğumu o zaman görecek!"

"Henüz kardeşi ile sorun yaşarken sizin sınırlara saldırması bana göre çok yanlış Sultan'ım," dedi tüccar.

Fatih Sultan Mehmet, Akkoyunlu Devleti hakkında bilgi toplamaya devam ederken Uzun Hasan'ın Osmanlılar'a karşı düşmanca girişimlere devam ettiğini ve Osmanlılar'a ait Koyunhisar'ına bir baskın düzenleyip ele geçirdiğini öğrendi.

Fatih bu konu üzerine çalışırken Uzun Hasan haddini iyice aşarak İstanbul'a bir elçi gönderdi.

Bir alim olan elçinin adı Alaeddin Ali b. Muhammed'di ve babası ünlü Türk sultanının kuşları ile ilgilenirdi. Barış elçisinin aslen astronomi alimi olan babası Uluğ Bey sarayın kuşçubaşısı yani doğancıbaşıydı. Semerkant'ta dünyaya geldiği tahmin edilen Uluğ Bey doğancıbaşısı olduğu için "kuşçu" lâkabını aldı ve oğlu da Ali Kuşçu olarak tanındı. Fatih'in huzuruna çıkan Ali Kuşçu yaşadığı dönem içinde dünyanın en önde gelen bilginleri arasında yer almaktaydı.

Fatih Sultan Mehmet onu tanımak istedi. Barış elçisi olmadan önce ne yaptığını sordu.

"Babam Uluğ Bey'in 1449 yılında öldürülmesinden sonra ortada kaldım. Semerkant Medresesi'ndeki derslere ve rasathanedeki çalışmalarına son verip Timurluların'ın sarayından ayrıldım. Hac mevsimiydi. İbadetimi yerine getirmek içim Mekke'ye giderken, Tebriz'e uğradım. Akkoyunlu Hükümdarı Uzun Hasan'dan büyük ilgi gördüm ve beni elçilik görevini yerine getirmem için size gönderdi."

Fatih Sultan ilmine hayran olduğu için ona çok saygı duydu ve bilim üzerine birkaç soru sordu alime. Aradan epeyi saatler geçti. En sonunda barış elçisi koyu sohbetlerinin ardına asıl konuya girdi.

"Hünkar'ım, Trabzon Devleti'nin Osmanlılar'a ödediği 2000 duka altının alınmaktan vazgeçilmesini ve bunun vergi olarak kendisine verilmesini istiyor Akkoyunlu Hükümdarı Uzun Hasan," dedi Ali Kuşçu.

Fatih Sultan Mehmet buna çok öfkelendi.

"Ali Kuşçu sen bir barış elçisin. Kızgınlığım sana değil; ama Uzun Hasan haddini fazlasıyla açtı."

Birkaç dakika sessizlik oldu. Padişah sükûnet içindeydi ve soğukkanlılığını bozmayarak şöyle dedi.

"Hükümdarınıza söyleyin, seneye bizzat karşısına gelir bütün borçlarımı öderim."

Ertesi gün Ali Kuşçu gidecekti. Doğu ve Batı'nın ünlü bilginlerini etrafında toplayan Fatih, Uzun Hasan tarafından kendisine elçi olarak gönderilen Ali Kuşçu'yu çok sevmişti. Ondan İstanbul'da kalmasını, ilmi çalışma ve derslerine burada devam etmesini rica etmeyi düşünüyordu. Ona geleceğe yönelik planlarından bahsetti.

"Fatih Camisi'nin inşaatı emrini verdim. Sahn-ı Seman'ın onun bahçesinde kurulmasını istiyorum."

"Orası çok büyük bir medrese mi olacak?"

"Evet. Sahn-ı Seman, kurduğum eğitim kurumları arasında en üst düzeyde eğitim veren yüksek öğrenim kurumu olmalıdır. Fatih Külliyesi içerisinde yer almasını uzun süredir planlıyorum. Mimarbaşı da Sahn-ı Seman'ın inşaasına 1462 yılının baharında başlayabileceğini söyledi. Tahminen sekiz yıl içinde de inşaat bitecektir. Senin gibi alime kurulacak medresede ihtiyacım var. Sen en iyisi İstanbul'dan yarın gitme."

"Gitmem gerek; ama elçilik görevim bitince yanınıza gelip beni görevlendirdiğiniz kurumda çalışırım."

"Peki o zaman anlaştık. Seni İstanbul'a tekrar bekliyorum," dedi, sonra Hasodabaşı'na emir buyurdu.

"Tez elçiyi güvenlik içinde geçirin."

Birkaç ay sonra Fatih güçlü ordusuyla İstanbul'dan doğuya yürümeyi planladı; ama seferin yönünü kimseye söylemedi. Ona göre akıllı görünmeye çalışmak başarı getirmezken doğru olanı yapmak insana yol katettirirdi. Sefer öncesi, Trabzon meselesini çözmek için hemen Zağanos Paşa'yı çağırıp Pontus Devleti'nin (Trabzon) üzerine kuvvetleri ile yürümesini emir buyurdu.

IV. Haçlı Seferi sonunda Trabzon'da bir Rum Devleti kurulmuştu. Rumlar Bizanslılar'la aynı soydandılar ve Osmanlı Devleti'ne karşı düşmanca bir tutum içerisindeydiler. Zağanos Paşa, Trabzon'u karadan ve denizden kuşattı. Zor durumda kalan Rum kralı da şehri teslim etti.

Ondördüncü Bölüm

Akıllı görünmeye çalışmak başarı getirmezken doğru olanı yapmak insana yol katettirir

Bu haber Uzun Hasan'ı korkuttu. Osmanlılar'ın kudretli ve düzenli ordularıyla savaşacak durumda değildi. Bu düşünce içinde barış teklifleriyle annesi Sara Hatun'u Fatih Sultan Mehmet'e gönderdi. Padişah Bulgar dağlarındaki karargahındaydı. Sara Hatun, Osmanlı karargahına geldiğinde hoşgörü içinde karşılandı.

Fatih Sultan Mehmet aslında şu an Akkoyunlular'la savaş düşünmüyordu. Anadolu'da Osmanlılar için pürüzlü haller vardı. Bunlar tamamen ortadan kaldırılmadığı için aynı milletten olan kardeşleriyle çarpışıp kan dökmek hiç işine gelmiyordu. Trabzon'un Osmanlılar'ın olması şartıyla barışa razı olan Fatih Sultan Mehmet Bulgar dağından seferine devam etti.

Anlaşma sonucunda Uzun Hasan ise rahat bir nefes almıştı. Rum Kralı da kızı Anna'yı Zağanos Paşa'ya eş olarak verdi; ancak prenses evlenmemek için kaçıp babasına sığındı. Kral kendi geleceğini garantiye almak için kızını Fatih'e eş olarak İstanbul'a gönderdi.

Anna'yı Fatih, Manisa sancağına gönderdi. Bizans prensesleri tarafından zehirlenen krallarla ortak bir kaderi paylaşmak istemiyordu. Bizans'ta saray ihtişamının gölgesindeki entrikalarla pek çok kral, eşlerinin kendilerini zehirlemeleriyle hayata veda etmişti.

Zeki, uyanık krallar da vardı geçmişte elbette. Hatta bir tanesi kraliçesi kendini zehirlemeye kalkıştığı için onu öldürme kararı almıştı. Zehri kendi elleriyle içen kraliçe ise prens oğlunun bir gün büyüyüp kral olacağını ve herkesden intikamını alacağını söyleyerek ölmüştü.

Fatih Sultan Mehmet de kendisine eş olarak sunulan prenseslere güvenmediğinden pek çoğunu sancaklara göndermişti. Üstelik o her gittiği yere çaşnigirleri de götürüyordu ve yemeğin tadına her zaman sultandan önce çaşnigirler bakıyordu. Aynı önlemi saray mutfağında da alıyordu o. Burma'nın Martaban limanından yeşil sırlı seramik tabaklar getirtip yemeğini onlarda yiyordu. Mertebani tabakları dünyanın pek çok imparatorluğunda zehirlenmelere karşı kullanıldığı için saray mutfağına erişemeyen art niyetli kimseler başka türlü yolları mutlaka deniyordu. Bizans prenseslerine bu yüzden Fatih çok ilgi göstermiyordu.

Hatta saray mutfağında sayıca pek çok çaşnigir çalıştırıyordu. Çaşnigirler sultan sofrası hazırlanınca yemekleri önceden tadardı. Böylece padişah zehirlenmelere karşı korunurdu. Mertebani tabağına şayet zehirli yemek konursa tabak hemen renk değiştirip kırılıyordu.

Pontus Devleti'nin yıkılmasını ardına 1462'de Fatih'in sefere gittiği yer belli oldu. O Rumeli'ye sefer düzenlemişti.

Osmanlılara vergi yoluyla bağlı olan Bosna Kralı'nın, anlaşmalara riayet etmemesi üzerine Üsküp'ten harekete geçen Fatih, Sadrazam Mahmut Paşa ve Turahanoğlu Ömer Bey'e Bosna'nın tamamen fethedilmesi emrini verdi.

Eflâk Osmanlı Devleti'ne tekrar bağladı ve 1463'te Bosna tamamen ele geçirildi. Sefer dönüşü Ege Denizi'ndeki Midilli Adası'nı kuşatıp aldı. Bu durum Venedikliler'le aranın açılmasına sebep oldu ve Venedikliler'le Osmanlılar'ın savaşı başladı. Bir yandan savaş bir yandan Rumeli'deki olayların tekrar alevlenme korkusu neticesinde Bosna Kralı'nın tekrar anlaşmaya uymayacağı düşünüldüğünden şeyhülislamın fetvasıyla öldürüldü ve Bosna Sancakbeyliği oluşturuldu. Fakat ordunun İstanbul'a girmesiyle Macar Kralı Bosna'ya girdi. Fatih geri dönüp sancağı ele geçirmeyi planlarken Akdeniz'de Osmanlı gemilerini Ceneviz ve Venedik gemileri sıkıştırmaya başladı. Fatih barış elçisi göndererek meseleyi çözdü; ancak bir müddet sonra Vedenik Osmanlı savaşı alevlendi.

Savaş devam ederken İstanbul'daydı Fatih Sultan Mehmet ve bir müddet sefere çıkmayacaktı. Bir türlü neticelenemeyen Venedik savaşı canını sıkarken aklı doğudaki Uzun Hasan'daydı. Doğu seferi üzerinde kimseye bir şey söylemeden gizli gizli çalıştı. Bu süre içinde ülkenin imar işleri ile de ilgilendi. Tahta çıktığı günden beri 500'den fazla mimari yapı yaptırmıştı. Kendi adına cami, medrese, kitaplık, imarethane (aşevi), darüşşifa (hastane), hamam, kervansaray gibi birimleri kapsayan Fatih Külliye'si inşaatı da birkaç ay önce başlamıştı. Ali Kuşçu'yu İstanbul'a yakında çağırmayı düşünüyordu.

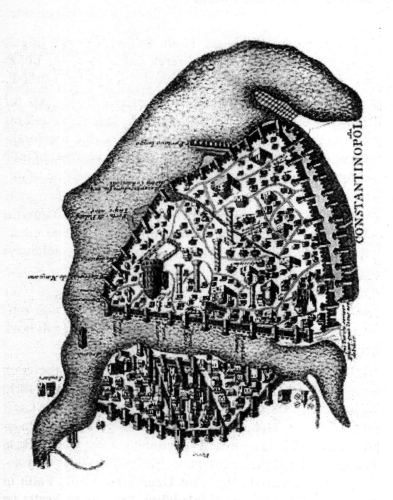

Onbeşinci Bölüm

Savaşçı muazzam kargaşa yaşadığı zaman mucize kulağına doğru olanı fısıldar

Koca bir kış geçmişti. Fatih Sultan Mehmet, soğuk kış aylarında gizliliğe önem vererek doğu seferi için bütün hazırlıklarını tamamladı ve kimseye de kararını belli etmedi.

Fatih Sultan Mehmet askeri ve siyasi sahada eşşiz bir deha, dahi bir komutandı. Kılıç gücüyle kalem gücünü bir arada kullanıyordu. Ordunun disiplinini, elden hiç bırakmamak için merhametli olmasına rağmen yeri geldiğinde merhametsizler gibi davranarak en ufak itaatsizlikte askerleri cezalandırıyordu.

Ordu onun için çok önemliydi ve Osmanlı kuvvetlerini asla plansız, düzensiz, hazırlıksız bir şekilde sefere çıkarmıyordu. Memleketin coğrafi ve siyasi birliğini sağlamayı amaç edinmişti bir kere.

Sefer için paşalarına emir verdi. Hiç kimse nereye sefer yapılacağını bilmiyordu. Kısa sürede sefer için ordu toplandı. Yanına Hoca Akşemsettin'i de çağırdı ve yaşlı hoca gelir gelmez yola koyuldular.

Osmanlı ordusunun yığınağından ve ilk hareketlerinden nereye ve kime karşı yürüyeceğini pek çok komutan bir türlü anlayamamıştı. Sinop civarına geldiler. Sonra ani bir karar ile Fatih Sultan Mehmet, ordusunu doğuya döndürdü. Paşaları dahil hiç kimse onun hareket yönünü ve ne yapacağı kısa süre içinde bir türlü kestiremedi. Bütün dikkatiyle Osmanlılar'ın hareketleriyle ilgilenen Uzun Hasan bile, Fatih'in ne amaçta olduğunu, ne planladığını, hatta ne maksatta ve ne kararda ne olduğunu bir türlü anlayamadı.

En sonunda Akkoyunlular'ın kuşattığı Koyunhisar'a Fatih Sultan Mehmet ordusunu yönlendirdi. At geçmez kayalıklardan, geçit vermez nehirlerden geçerek durup dinlenmeden kaleyi kuşatan düşman hattının karşısına dikildi.

Osmanlı ordusu öğleye doğru Koyunhisar önüne gelmişti. Üç gün devamlı top atışlarıyla bu kaleyi Fatih çökertip ele geçirdi. Uzun Hasan, amcasının oğlu Hurşit Bey'i bir kuvvetle hisara gönderdi. Fakat bu kuvvet, Gedik Ahmet Paşa'nın kuvvetleriyle karşılandı. Yapılan savaşta Hurşit Bey yenilgiye düşerek ordusu dağıldı.

Fatih Sultan Mehmet yapısı gereği hiçbir şeyden çekinmezdi. Kış yaz demeden her türlü zorluğu aşardı. Ordunun toparlanmasını bekliyordu. Asker uzun süre aç kalamazdı. Aç kalmak zorunda kaldıklarında ise büyük sıkıntılar doğardı. O orduyu güçlü tutmak için çok para harcıyordu. Aslında savaşlarda kazananın da kaybedenin de yenildiğini biliyordu. Çünkü güçlü ordusu olan çok para harcayıp maddiyat kaybederken zayıf olan da maddiyatta toprak kaybediyordu. Aslında manevi olarak kazanma vardı sadece. Yoksa maddiyat da herkes bir şeyler kaybediyordu.

Bir akşam kalede Akşemsettin Hoca ile dertleşti; ancak hocasını çok iyi görmedi.

"Bir sıkıntın mı var Hoca'm?"

"Göynük'te kaldı aklım."

"Neden?"

"Oğlumla yeterince ilgilenemedim. Onun iyi bir ulema olmasını isterim."

"Sefer dönüşü ilgilenirsin onunla."

"Öyle ama bazı şeylerin vaktin de yapılması gerekir."

"Her açıklamada gizli bir özürün olduğunu sen bana öğrettin. Senin öğrencin olmasam eksiklikler için özürü anlarım. Ne yapmak istiyorsan öyle olsun."

"Niyet soyuttur ve zor yoldan gelir. İki zihin çelişirken niyet emniyet düğmesi görevini yapar. Gerçek zihnin sesini duymak için niyet etmek gerekir. İçimin derinliklerinden gelen ve bana neler seçmem gerektiğini söyleyen ses oğlum için çaba göstermemi salık veriyor."

Uzun sohbetin ardına odalarına çekilip yattılar. Ertesi gün Hünkar civarı gezip strateji çalışması yaptı; ancak kaleye geldiğinde yorgundu. Veziri hocanın memlekete gittiğini ve giderken bir mektup bıraktığını söyledi. Odasına geçen Sultan mektubu bir solukta okudu.

Beden dünyasal lezzetlerden zevk alır; ama ruhun duyduğu lezzetler daha değerlidir. Kıymeti olmayan şeylere çok fazla önem vermeyiniz. Dünyada bela ve sıkıntı vardır. Hiçbir bela ve sıkıntıdan dolayı sıkıntı duymayınız. Sıkıntılardan da zevk alabilmeli insan; çünkü yaşadığımız sıkıntılar karşımıza çıkan engelleri aşmamızda yardımcı olur. Sefere çıkmadan önce bana Allah'ın huzurunda söz verdiniz ve başarılı olacağım dediniz. Verdiğin sözden caymazsan Allah'ın yardımına her zaman erersin. Ahdini nakzetme, verdiğin sözden cayma.

Sultan'sınız. Sultanlar devletin canıdır, ruhudur. Bu nedenle devlette her şeyin gidişatı sizin davranışlarınıza tabidir. Ruh değişip güzelleştikçe beden de aynı oranda değişime uğrar. Siz kendinizi sıradan halk gibi göremezsiniz. Devletteki insanları iyi idare emekten başka bir işle uğraşmanız mümkün değildir.

Aile fertlerimi de memnun etmem gerekir. Gönüllerini alır almaz devletimiz için bol bol dua edeceğim. Siz de Uzun Hasan'a karşı dikkatli ve tedbirli olmalısınız. İhtiyatı elden bırakmayınız. Vesselam.

Göynük'e gelen hoca ise bir ay boyunca oğlu Hamdullah'ın eğitimiyle ilgilendi ve onu eski bir öğrencisine öğrenim için emanet etti.

Akşemsettin Hoca kendini yorgun hissediyordu. Bir gün akrabasını ve evlatlarını etrafında toplayıp helalleşti ve meclise girdi. Temiz ruhunu teslim etmesi ailesini ve onu sevenleri üzdü.

Fatih Sultan Mehmet bu haberi aldığında hâlâ kaledeydi ve içi daraldı. Onun gibi büyük bir piri kaybetmek dünya için çok büyük kayıptı.

Birkaç gün geçti. Fatih tüm seferlerini bir plana göre yaptığından nereye gitmesi, nerede durması gerektiğini bilerek hareket ediyordu. Başarı kazanmak için aylarca bu seferin bütün detaylarını ortaya koymuştu.

O hangi devle üzerine sefer düzenleyecekse o devletin iç ve dış ilişkilerini, zaaflarını, kuvvetini incelerdi. Akkoyunlu Devleti için de aylardır böyle bir çalışma yapıyordu.

Sefere her zaman düşmanın en zayıf, kendisinin en güçlü olduğu anda çıkardı. Bu planları yürürlüğe koyduğu için Koyunhisar kalesini çok kolay ele geçirmişti. Son günlerde devlet içinde yer yer siyasi karışıklıklar baş götserince seferi uzatmak istemedi. Bu yüzden önümüzdeki aylarda yapacağı seferi ertedi. Her zaman saldırı şeklinin hep gizli kalmasına çok dikkat ederdi. Zağanos Paşa yakında ne yapacaklarını sordu.

"Siz hem paşamsınız hem de benim savaş hocam oldunuz gençliğimde. Sırrımı sakalımın bir tek teli açıklarsa onu yolar atarım, bunu sizden öğrendim," dedi.

"Sizi çok iyi yetiştirdiğime çok seviyorum Padişah'ım."

Bir hafta sonra ani kararla Sultan Mehmet İstanbul'a geldi. Fatih'in kaleden ayrılması ise Uzun Hasan'a rahat bir nefes aldırttı.

Arnavutluk da yer yer çatışmalar çıkmıştı. Gerçi İstanbul'un fethinden sonra Balkanlar kesin olarak Türk yurdu haline gelmişti. Haçlılar bir daha Osmanlılar'a saldırma cesareti gösteremiyordu; ama Bosna'nın, Arnavutluk'un yer yer sorunlar çıkarması Sultan'ın canını sıkıyordu. Avrupa'da taarruz sırası Türkler'deydi. Balkanlar, Türkler'in Ortaasya ve Anadolu'dan sonra üçüncü yurdu olmuştu.

Osmanlı Devleti'ne fetihten sonra Avrupalılar Osmanlı İmparatorluğu adını vermişlerdi; ama Osmanlı Devleti çeşitli din ve soylara sahip milletleri barındırmakla birlikte hukuki ve sosyal yapısı bakımından hiçbir imparatorluğa benzemediği için Fatih Sultan bu konu üzerine bir çalışma yapma arzusundaydı. Esasen devletin resmi adı da Devlet-i Âliye-i Osmaniye yani Ulu Osmanlı Devleti idi. Bir dizi hukuki ve sosyal yapıyı içeren düzenlemeleri Fatih kısa sürede yürürlüğe soktu.

Osmanlı Devleti'nin bir uç beyliğinden kısa sürede genişleyerek bir cihan devleti haline gelmesinde onun payı çok büyüktü. Avrupalı krallar ve dünyanın büyük alimleri de onu âdil, zeki, akıllı, heybetli, cesaretli, otoriter, iyi giyimli, kadirşinas, âlimlerin dostu, bir pâdişah olarak kabul ediyorlardı.

Avrupa'da ani bir sıkıntı baş gösterdi. Sorunun kaynağı Eski Bizans İmparatoru'nun çocukları arasındaki çekişmeydi. Kardeşi Dimitrios'a karşı Arnavutlar'ın desteğini alan Tomas Osmanlılar'la yapılan anlaşmayı bozdu.

Bu gelişmeyi haber alan Fatih çok kızgındı. Bizans entrikalarından artık o kadar usanmıştı ki birden ayağa kalktı.

"İstediğim şeyleri yapabilmek için sevmediğim şeylere katlanabilmem gerekiyor."

"Canınızı sıkmayın Hünkar'ım," dedi Mahmut Paşa.

"Sıkmıyorum Paşa. Başıma ne geldiği değil, ona ne tepki verdiğim önemli. Ben kabullenmedikçe yenilgi denen bir şey yoktur," dedi paşaya ve ikinci kez Mora'ya sefer düzenleyerek kente girdi.

Tomas, Osmanlı kuvvetlerinden kaçıp Papa'ya sığındı. Fatih Sultan Mehmet de bölgeye çok sayıda Türk yerleştirerek yönetime hakim oldu. Ancak Venedikliler tam savaş yeni bitmişken bölge halkını Osmanlılar'a karşı ayaklandırdılar.

Bunun üzerine Venedik'in üzerine yürüdü Sultan Mehmet. Böylece Venedikliler 1465 yılında Osmanlı kuvvetleri tarafından bozguna uğratıldı.

"Çok yakında Taşoz, Eğriboz, Limni, Semadirek, İmroz, Midilli ve Tenedos'u alacağız," dedi Fatih komutanlarına.

Fatih planlarını yürürlüğe koymaya hazırlanırken papalık ve Napoli Krallığı'nın desteği ve kışkırtmasıyla harekete geçen Arnavutluk hâkimi İskender Bey, eski anlaşmayı bozup vurkaç taktiği ile civar sancaklardaki Osmanlı kuvvetlerine baskınlar düzenledi. Bunun üzerine Fatih, bizzat sefere çıktı ve İlbasan Kalesi'ni kuşatıp içine asker yerleştirdi. Balaban Paşa yanındaydı. Onu bölge için görevlendirdi. 1465'te Hersek'in büyük bölümünü, 1466'da da Arnavutluk'taki kalelerin çoğu fethedildi.

Onaltıncı Bölüm

İstediğim şeyleri yapabilmek için sevmediğim şeylere katlanabilmem gerekiyor

Fatih Sultan Mehmet Sahn-ı Seman'ın şekillenmesinde kendisine yardımcı olması için Ali Kuşçu'yu çağırdı. Bir ay gibi kısa sürede alim İstanbul'a geldi ve büyük bir törenle karşılandı.

Fatih vakit kaybetmeden Ali Kuşçu'yu 200 akçe maaşla Ayasofya medresesine müderris[22] olarak görev verdi. Ayrıca sarayın kütüphanesinin de müdürü tayin etti.

Bir gün alimle sohbet sırasında şöyle dedi Fatih Sultan Mehmet.

"Senin ilmine hayran olmamak mümkün değil. İlmini ilerletmek üzere baban Uluğ Bey tarafından Çin'e gönderilmişsin ve dönüşünde dünyanın yüzölçümünü, ayrıca ilk meridyen hesabı yapmışsın. Bu duyduklarım doğru değil mi?"

"Doğrudur Hünkar'ım."

Fatih Sultan Mehmet okumayı çok severdi.

"Farsça ve Arapça'ya çevrilmiş olan felsefi eserler okurum. Öğrenmeye doymuyorum. Batlamyos haritasını senden tercüme etmeni istiyorum. Haritadaki adları Arap harfleriyle yazarsan çok memnun olurum."

"En yakın zamanda haritayı size istediğiniz şekilde teslim edeceğim. Sizin ününüz dünyaya yayıldı Hünkar'ım. Bilimsel konularda hangi din ve mezhebe mensup olursa olsun bilginleri koruyorsunuz ve onlara eserler yazdırmanız sebebiyle pek çok alim tarafından seviliyorsunuz."

---

[22] **Müderris:** Osmanlı ve Selçuk devlet ve toplum yapısında günümüz öğretim üyesine karşılık olarak kullanılan bir kavramdır. Medreselerde eğitim veren öğretim üyeliğinin bugünkü tam karşılığı profesörlük ünvanıdır

"Gerçekten alimleri çok severim."

Bir yıl sonra büyük medresenin inşaası bitti. Sahn-ı Seman'ın eğitim müfredatının hazırlanması işini Fatih, Ali Kuşçu'dan istedi. Sekiz bölümden oluşan medresenin her bölümünde 19 oda bulunuyordu. Bu bölümlerde en fazla iki çocuk kalabilecekti.

Medresenin bugün açılış töreni vardı. Sultanın merasim kaftanını Hasodabaşı giydirdi. Altın telli kadife-i çatmadan yapılan kaftan çok güzeldi. Diğer kaftanlardan farkı kol üzerinden omuzdan aşağıya kaftan boyu kadar olan adına yen denilen ikinci bir kolun bulunmasıydı.

Yenin görünüşü çok önemliydi. Merasime göre bayramlarda ve cüluslarda öpülmek gibi tarihi bir görevi de vardı.

Fatih Sultan Mehmet'in eğitime önem verdiğini herkes bilirdi. Üniversite anlamında Osmanlı tarihinde ve dünya tarihinde bilinen en eski eğitim kurumlarından olan biri olmaya aday Sahn-ı Seman'ı(İstanbul Üniversitesi) saat onda açtıktan sonra gönlü huzura erdi. Orada nice Türk evlatlarının eğitim öğrenim göreceğini biliyordu. Sahn-ı Seman medreseleri Fatih Külliyesi içindeki en yüksek düzeyli medreseler olacağa benziyordu.

Fatih açılış sonrası saraya geldi. Eğitim alanındaki bu adım onu dinginleştirmişti. Hem kılıç gücünü hem kalem gücünü yıllardır kullanan Sultan hiçbir şey olmamış gibi usulca tahtına oturdu.

Aslında yıllar onu yormuş, kalbi savaşlarda gördüğü manzaralardan dolayı derin bir hüzne batmıştı. Dünyanın gücünü ellerinde tutan Fatih Sultan Mehmet her şeyi devlet ve millet için yapmıştı. Yanına Gevher Hatun geldi. Kızı gençliğin verdiği heyecanla hiçbir şeyin fakında değildi.

Babası ona artık evlenme yaşının geldiğini söyledi. Genç kız da babasını dinler gibiydi ya da başka yerlere dalmış gitmişti.

Gevher Hatun aslında bir gence sevdalanmıştı ve ayakları yere basmadığı için babasını anlayamamıştı. Tahtın önünde genç kız bir düş görüyordu. Sevdiği ona doğru yolda düşe kalka koşarken babası onu kendine getirdi.

Aradan günler geçti ve genç kız sevdiğine kavuşamadan babası tarafından komşu devletin oğluyla evlendirildi.

Fatih Sultan Mehmet adaletten hiç ayrılmazdı. Huzuruna iki şair çıktı ve kendisine üç mısradan oluşan şiir hediye ettiler. Onlara Sultan da bol ihsanda bulunup bahşiş verdi. O sanatçıyı, şehre iyi bakan herkesi desteklerdi. Hatta bahçesine çiçek eken adama bir gün yaptığı işten dolayı 500 altın vermişti. Her bakımdan o devrinin üstüne çıkmış bir hükümdardı. Kızının düğününden sonra soylular onu ziyarete geldi.

Düğün hediyesi getirenleri tek tek kabul ederken Sultan Mehmet'in yanına bir gün Zağanos Paşa doğudaki gelişmeleri haber vermek için Trabzon'dan geldi. Birlikte sohbet ettiler. Öğleden sonra sayfiye yerine gidip ava çıktılar.

Saat iki gibiydi. Haliç'in arkasındaki ormana doğru atla geldiler. Birden attan inen Sultan temiz havayı ciğerlerine çekti.

Fatih Sultan önden açık, yakasız kaftanın yerine küçük dik yakalı kaftan giymişti. Kısa kollu cepli, yanlarından yırtmaçlı kaftanı ise rüzgârda uçuşuyordu.

"Uzun Hasan rahat durmayacak gibi Hünkar'ım."

"Farkındayım. 13. yüzyılın sonlarında Moğolistan

İmparatoru Ergün Han Türkistan'dan batıya, Türkmen kabilesi olan Akkoyunları ve Karakoyunları yaşam sahası bulmak üzere göçe mecbur etti. Bu göcün etkisi hâlâ asırlardır sürüyor."

"Geri anayurtlarına gidip topraklarına sahip çıksalar."

"Cihangir olmak sevdasıyla Uzun Hasan, yanıp tutuşuyor. Bu yüzden uzağı göremiyor, tehlikeyi düşünemiyor, Müslümanlarla iyi geçineceğine Avrupalılarla anlaşarak bizim sınırlarımıza müdahale ediyor," dedi Fatih Sultan ve iki kardeş millet arasında bir savaş istemiyordu. "Savaş yanlısı olmadığımı bir türlü Uzun Hasan anlamıyor."

Av dönüşü saraya geldiğinde Fatih Sultan Mehmet Osmanlı Devleti'nin gelişen gücü karşısında Karamanoğulları'nın Uzun Hasan ile ittifak kurduğunu öğrendi.

Vakit kaybetmeden Fatih, yeni bir Anadolu seferine çıktı. Karamanoğulları'nın başkenti Konya'yı ele geçirdi. Ama İstanbul'a dönünce Karamanoğulları, Osmanlılara geçen yerleri geri aldılar. Gerisin geriye oraya sefer yapmayı planlarken Papa ve diğer devletlerden aldığı kuvvetlerle Türkler'e saldıran İskender Bey, Balaban Paşa'yı şehit edip İlbasan Kalesi'ni kuşatmıştı.

Bunun üzerine Fatih II. Arnavutluk Seferi'ne çıkmak zorunda kaldı. yanındaki komutanlara şöyle dedi.

"1467 çok hareketli geçiyor. Daha Türkler'in gücünü anlayamayanları doğduklarına pişman edeceğim."

Kısa sürede Fatih geri aldı ele geçirilen toprakları. Hatta kısa sürede orada garnizonlar kurdurdu. İskender Bey çatışmada öldüğü için yerine geçen oğlu Jean ise Osmanlı hakimiyetini kabul etti.

Fatih Sultan İstanbul'a döndüğünde Sıttı Mükrime Hatun'un aniden rahatsızlanıp öldüğünü öğrendi. Gülbahar

Sultan onu çok severdi. Bu olaydan sonra oğlunun yanında yaşamak için Amasya'ya gitti.

Fatih Sultan Mehmet de Karadeniz'de olan Şehzade Cem Sultan'ın neler yaptığını öğrenmek istiyordu. Kastamonu'da sancak beyi olan oğlunun yanına güzel bir yaz günü geldi. Onu eskiden hiç padişah olabileceğini düşünmezken atılganlığını fark ettikçe yanıldığını anladı. Karaman'daki Şehzade Mustafa da kardeşi gibi çevik, atik biriydi; ama Şehzade Bayezıt daha çok sanatla ilgilenip savaş sanatında kendini ilerletmiyordu. Sultan Mehmet Kastamonu'da kaldığı sürece Cem Sultan babasının gözüne girdi. Hatta Fatih sancaktan ayrılmadan oğluna şöyle dedi.

"Ulemalara hürmet et. Ben onlardan çok şey öğrendim. Temiz yüzlü bir şehzadesin. Her zaman cömert, iyi kalbli ve güleryüzlü ol. Başkalarına iyilikte bulun. Kimseye üstünlük taslamak için eziyet etme. Ben zamanında çok nasihat aldım. Sen de büyük, küçük herkese öğütte bulun ve güven içinde hisset kendini. Kurtuluş sadece dürüstlük ve doğruluktadır. Sen şehzadesin. Soylu bir aileden gelmektesin; ama kendini hiç kimseden üstün zannetme."

"Mutlaka dediklerinizi harfi harfine yerine getireceğim."

"Zamanını iyi kullan. Geçen zaman bir daha geri gelmez. Her zaman yarın yaparım demek üzüntü ve pişmanlığa yol açar. Toprak gibi verici, meyveli ağaç gibi cömert, akan nehir gibi temiz, iyilik yapmada deniz gibi bonkör, ayıpları örtmede gece gibi ol," dedi sonra karşı kayayı gösterdi.

"Koca kayanın sükunetini örnek alıp susmayı bilmelisin. Aç gözlülükle dünyaya sarılanlardan uzak dur. Onlarla sohbet gam, keder, üzüntü getirir."

"Siz bu kadar çok şeyi nasıl aklınızda tutuyorsunuz?"

"Bunu tecrübe ettim. Egosuna yenik düşen kişiler gizli

düşman olup insanın yüzüne dalkavukluk yaparlar, hatta arkadan aleyhine konuşurlar. Maksatları ise egolarını şişirip seni alet etmektir. Hele bir de senden çıkar sağlayamadıklarında düşmanların en azılısı olurlar."

"Hünkar'ım size hayranım. Keşke sizdeki güç, kudret ben de olsa."

"Zaman ilerledikçe benim anlattıklarıma mutlaka şahit olacaksındır. Sen şehzadesin; sana bağlılık iddiasında bulunanlar olacaktır. Şunu unutma yürekten bağlı olmayanlar yaptıkları iyilikleri insanın başına kakarlar. Sadaka adına yaptıklarından da çok şey beklerler."

"Peki Hünkar'ım benim hiç dostum hiç olmayacak mı?"

"Yüreğinde sevgi olan insanlardan korkma. Onlardan çok iyi dost olur. Kardeşlik bağı kurduğun dost kimseyi hiçbir zaman yarı yolda bırakma. Kendine onun her şeyini denk tutmalısın ki birbirinizin yolunu açabilmelisiniz. Onu zor durumda hiç bırakma ve ayıpları olursa da mutlaka gizle."

"Hatalıysa ya!"

"Hatalı olursa sabır et. Her zaman da onu hayırla anmayı ihmal etme. Aç gözlü olmayan kimse egosunu alt eder, sükutta bulunan insan da kendine zarar veren kötü alışkanlıkları zindana atar. Unutma dünya yaşamı tatlıdır ve insana sık sık hata yaptırır."

"Egosu şişkin insanlarla çok beraber olmak insana çok mu hata yaptırır?"

"Evet."

"Hata yapmamak için ne yapmalıyım?"

"Çaresi arada bir yalnızlıktır. İnsan bazen sessiz kalıp kendini dinlemelidir. Şeytan da sürekli insanın aklını çeler.

Tanrı'yı anımsamak, büyüklüğünü düşünmek ayaklarımızı yere sağlam bastırır."

Şehzade Cem Sultan babasının sözlerinden çok etkilenmişti. O da iyi bir sultan olup babasının izinden gitmeyi çok arzuluyordu.

Onyedinci Bölüm
Kabullenmedikçe yenilgi denen bir şey yoktur

Avrupa'da durum böyle iken doğuda Uzun Hasan rahat durmuyordu. Birkaç yıldır bütün gayretlerini toplayarak Osmanlı'ya saldırmak için plan yapıyordu. Bütün derdi Uzun Hasan'ın, Osmanlı'yı yok etmekti. Bu yüzden etrafındakileri kolluyor, ülkesini genişletme ve kuvvetlendirme yolları arıyordu. Savaş bahanesi olarak komşusu Karakoyunlu Devleti'ni gözüne kestirip önce onunla bozuştu. Tüm suçu komşu devlete atarak Erzurum-Bayburt yönlerine yürüdü. Bu saldırıyı durdurmak ve yurdunu savunmak için Karakoyunlu Devleti apar topar ordusunu toplayıp karşısına çıktı.

Uzun Hasan'ın kuvvetleri kısa süre geri püskürtüldü; ama fırsat kollamak için Uzun Hasan pusuya yattı.

İki ay sonra Karakoyunlu Devleti kendi içlerinde sorun yaşadı ve böyle bir anı değerlendiren Uzun Hasan gafletlerinden faydalanarak onlara saldırdı. 1467 yılında yapılan çarpışma sonucu Karakoyunlu Devleti yok oldu. Hükümdarları Cihanşah'ı öldürten Uzun Hasan ise kendine çok güveniyordu ve vakit kaybetmeden Bağdat'ı kuşatma niyetindeydi.

İlhanlı hükümdarı Timur'un oğullarından Ebu Sait'e Cihanşah'ın gövdesinden ayrılmış kesik başını, Fatih Sultan Mehmet'e de Cihanşah'ın üç komutanının kesik başlarını gönderdi. Fatih Sultan Mehmet bu kötü davranıştan çok üzüldü. Timurlu hükümdarı Ebu Sait de hoşnut kalmadı, çok öfkelendiği için Uzun Hasan'a karşı savaş açtı.

Uzun Hasan çok fazla cüretkar ve asiydi. İlhanlı ordusunu pusuya düşürüp yenilgiye uğrattı. Hatta Ebu Sait'i yakalatıp öldürdükten sonra başını kestirdi. Timurlular'ın bütün topraklarına sahip çıkan Uzun Hasan şimdi gözünü Osmanlı topraklarına dikmişti.

Tebriz'i devletinin başşehri yaptı. Gürcistan ve Horasan devletlerini de ortadan kaldırmak istiyordu. Önce Tiflis'i aldı. Sonra Horasan Hükümdarı Hüseyin'i devirip yeğeni Yadigâr Mehmet'i tahta oturtmak bahanesiyle Horasan'a yürüdü. Timur oğulları birbirine düştüğü için karşısında bir kuvvet yoktu. Herat'ı ele geçirdiğinde Akkoyunlu İmparatorluğu'nun sınırları iyice genişlemişti. Horasan'dan Karaman'a, Gürcistan'dan Basra Körfezi'ne kadar uzanan büyük ve kudretli bir devlet olmuştu. Topraklarına kattığı her devleti eyalet yapıp başlarına oğullarını oturttu.

Uzun Hasan için iki büyük devlet ortada kalmıştı. Biri Osmanlı İmparatorluğu, diğeri Mısır'daki Memluk Devleti idi. Kendisini yeni bir Timurlenk yapmak istediği için onu taklit etmesi Fatih Sultan Mehmet'in gözünden kaçmıyordu.

Bir gün Uzun Hasan Timurlenk gibi doğunun tek hâkimi olmak istediği için Osmanlı İmparatorluğu'na bağlı beyleri, sarayında topladı. Fatih Sultan Mehmet'i tehdit eden mektuplar gönderip ona bey diye hitap etti. Amacı Fatih'i kızdırıp savaş çıkarmaktı. Savaşı mutlaka kazanacağını düşündüğü için Akkoyunlu İmparatorluğu'nu Horasan'dan Tuna nehrine kadar büyütüp kimsenin ulaşamadığı geniş topraklara sahip olmayı hayal ediyordu.

Osmanlı ile savaş çıktığında ise Uzun Hasan galip çıkabilmek için her türlü yolu önceden deniyordu. Hatta Avrupa devletlerine yalan yanlış bilgiler verip Osmanlı'yı yıkmak için onlarla anlaşma yolları aradı. Osmanlılar'ın Adriyatik kıyılarına saldırdığı yalanını uydurup onlarla ittifak yapacağını söyledi.

Zaten Osmanlı donanmasının Adriyatik Denizi'ne kadar sokulmuş olması ve Karadeniz yollarını ele geçirmesi Venedikliler'i uzun zamandır tedirgin ediyordu. Uzun Hasan'ın Avrupa'daki bütün Osmanlı düşmanlarıyla birleşmesi haberini alan Osmanlı ajanları durumu saraya iletti.

Fatih tüm bunları öğrendiği halde Akkoyunlular'la bir savaş düşünmüyordu. Bir mesele çıkarmamak için elinden geleni yaptı. Çünkü siyasî durum şu an savaşa müsait değildi. Rumeli'de ve Sırbistan, Eflak, Boğdan, Mora, Arnavutluk, Venedik'de bir türlü olaylar yatışmıyordu. Orada asayişi sağlamak istediğinden siyasi gücünü o tarafa yöneltmişti. Akkoyunlular, Osmanlılar ile aynı din, aynı soydandılar. Kardeş bir milletle zorunlu kalmadıkça savaşmayı Fatih Sultan Mehmet asla uygun bulmuyordu. Şimdilik ses çıkarmayıp beklemeyi uygun buldu.

Askerlerin yorgun olması sebebiyle Fatih bir müddet sefere çıkmak istemedi. Bu süre içinde kentin imarı ile ilgilendi. Topkapı Sarayı'nı Marmara Denizi, İstanbul Boğazı ve Haliç'in arasında kalan tarihsel yarımada üzerinde düşünüyordu. Yanına Hasodabaşı'nı alıp bir gün yarım adaya gitti. Sarayburnu üzerindeki Bizans akropolünü gözüne kestirmişti, Mimarbaşı'nı emir buyurup acele çağırdı.

"Buraya kocaman bir saray yapacaksın. Alanı 700.000 m^2 olsun ve içinde 4000 kişi yaşayabilsin."

"Peki Hünkar'ım."

Uzun zamandır düşündüğü Topkapı Sarayı'nın inşaatı böylece başlamış oldu. Saray bir eksen üstüne sıralanmış büyük avlular ve bunların çevresine yerleştirilmiş mekanlardan oluşacaktı.

Fatih Sultan Mehmet'in sessizce beklemesi ise Uzun Hasan'ın işine gelmiyordu. Karaman işlerine karışarak

Fatih'e meydan okudu. Uzun Hasan'ın hazırlamakta olduğu tuzağı fark eden Sultan Mehmet Karamanlılar'ın üzerine yürüyüp topraklarını ele geçirdi. Son zamanlarda Uzun Hasan birçok hileye başvurup Osmanlı sınırlarını yakıp yıkması ve ordularını Afyonkarahisar Sancağı sınırlarına kadar getirmesi bardağı taşıran son damlalar oldu.

Afyonkarahisar'da kuvvetlerini yığdığını öğrenen Fatih Sultan Mehmet oğlu Şehzade Mustafa'nın yanına askerleri ile giderken 19 Ağustos 1472 günü Eflatunpınarı'nda düşman kuvvetlerine rastladı. Artık savaş kaçınılmazdı.

Sağında Gedik Ahmet Paşa, solunda Rumeli Sancak Beyi Mehmet Bey vardı. Uzun Hasan'ın oğlu Yusufça Mirza'nın kuvvetleriyle çatışma başladı. Şiddetli ve kanlı çarpışmalardan sonra Osmanlı ordusu, Akkoyunlu ordusunu iki yandan çevirip çember içine aldı. Savaşı Osmanlı kazanmıştı; ama Padişah Fatih Sultan Mehmet artık Akkoyunlular'la bir ölüm kalım savaşının yapılmasının zorunlu olduğuna karar vermişti.

Anadolu'dan İstanbul'a giderken yanına Şehzade Mustafa ve Gedik Ahmet Paşa'yı aldı. Şehzade Bayezıt'ı ise 1472 Eylül ayında yaptığı komutanlar toplantısına çağırmadı. Bayezıt çok duygusaldı, çekingendi ve sanatla uğraşmaktan zevk alıyordu. Yerine Mustafa'nın geçmesini isteyen Fatih onu padişah olarak yetiştirme arzusundaydı.

Sadrazam Mahmut Paşa, Gedik Ahmet Paşa, Şehzade Mustafa yapılan toplantıda kış aylarında Anadolu'da kışın çok şiddetli geçtiğini anlatarak şu an savaşa çıkmanın doğru olmadığını söylediler.

"Asya kıtası iki Türk asıllı devlete yetecek kadar büyük; ama Uzun Hasan bunu bir türlü kabul etmiyor. Osmanlı hanedanını ortadan kaldırıp tahtımıza oturmak arzusunda," dedi Fatih Sultan Mehmet. "Avrupa da biz Türkler'in birbirlerimizi hırpalamalasını dört gözle bekliyor. Çünkü kendilerinin bizimle başa çıkacak kuvvetleri yok."

"Uzun Hasan dersini almıştır, bize artık saldırmayı düşünmüyordur. Seferden vazgeçelim," dedi Mahmut Paşa.

"Belki anlaşmaya varırız," dedi Gedik Ahmet Paşa onu onaylarcasına.

"Akkoyunlular'la bir savaşı hiç düşünmüyordum. Bir mesele çıkarmamak için elimden geleni yaptım. Çünkü siyasî durum şu an savaşa müsait değildi; ancak iki devlet arasında komşuluk bağları kesildi. Uzun Hasan ayrıca yüzyüze gelip anlaşmaya varacak durumda değil," dedi Fatih Sultan. Konuşması henüz bitmemişti. "Uzun Hasan'ın Venedik'le işbirliği halinde olması, Karamanoğulları ile daha önce de iş birliği yapması ve cihan imparatoru olmak istenmesi beni savaşa mecbur ediyor."

Sonbahar mevsimi son günlerini yaşıyordu. Takvim yaprakları tek tek yere dökülürken bir gün İstanbul'da Şehzade Mustafa, Sadrazam Mahmut Paşa'nın karısını gördü ve bir anda ayakları yerden kesildi. Genç kadına ilk görüşte aşık olmuştu genç adam. O kadar çok tutuldu ki evli olmasını dahi bir engel olarak görmedi. Avare gibiydi, gözü sevdiği kadınından başka kimseyi görmüyordu.

Bir gün Şehzade Mustafa gizlice Hanım Hatun'un yanına varıp aşkını itiraf etti. Genç kadın hiç böyle bir şey beklemediği için önce bir şok geçirdi, sonra kendini toparladı.

"Şehzade'm ben evli bir kadınım. Hemen buradan çıkınız," dedi genç kadın; ama Şehzade hiç vazgeçecek gibi değildi.

"Sadrazam sizi mutlaka boşamalı. Size olan aşkımdan yanıp tutuşuyorum."

"Aman efendim neler söylüyorsunuz! Lütfen evimden dışarı çıkınız."

Genç kadın onu zorla konağın kapısına geçirdi; ama Mutafa'ya hiç söz geçmiyordu.

"Yasak sevgilim. Dışarıya çıkıp sabahlara kadar gezeceğim yanımda sen varmışsın gibi. Haykıracağım seni ne kadar sevdiğimi," dedi Şehzade ve istemeye istemeye telaşla dışarı çıktı. Gezdiği yerlerde de sevgili uğruna için için ağladı.

"Sen neler çektiğimi bilmesen de seni sevmeye devam edeceğim!" diye kırlık alanda sevgisini haykırdı.

Onsekizinci Bölüm
Her zaman yarın yaparım demek üzüntü ve pişmanlığa yol açar

Akşam saraya girdiğinde Şehzade Mustafa erkenden yatağına girdi; ama bir yandan da söylendi.

"Geç kalmış bu aşk yansın içimde! Bakalım beni ne zaman eritip yok edecek?"

Sabaha kadar uyuyamayınca öğleye doğru yine sadrazamın konağına girdi. Güzel kadın şıktı. Kadife üzerine dival işi tekniğinde sırma ve sim işlemeli bindallı elbise giymişti. Aniden kadının ellerini tuttu; iri gözlü kadın ise şaşkınlıktan gözlerini kocaman açtı.

"Sadrazam bizi böyle görse ikimizi de öldürür."

"Biz de dışarıda buluşalım," dedi aşık Şehzade.

"Neden evli olduğumu anlamıyorsunuz? Sizi sevsem bile aramızda bir aşk yaşanamaz. Bu yüzden sizinle buluşamam."

"Çok gecikmişim aşkıma sahip çıkmak için öyle değil mi?"

"Evet," dedi kadıncağız; ancak kendi de dediğine inanamadı.

"Gözüm sizi gördü, kalbim de sizi sevdi. Ben kara sevda içine düşmüşüm. Ne yapabilirim ki!"

"Lütfen anlayın. Konakta bir sürü ispiyoncu var. Birisi sadrazama söylerse yanarız."

Şehzade Mustafa kadının sözlerini aşkından dolayı hiç işitmiyordu.

"Gönlüm inat, sizden başkasını görmüyor. Ben ister miyim hiç böyle hallere düşmeyi?"

"Gidin Şehzade'm, şimdi eşim gelecek."

"Yanarım gözlerimin vezirden önce seni görmemesine... Kalbim için için ağlıyor biliyor musun seni daha önce sevmediği için!"

1472 yılının Kasım ayı Otlukbeli savaşı için hazırlıklarla geçerken Şehzade Mustafa'nın gözü aşkından başka bir şey görmüyordu. Fatih Sultan Mehmet onu bir gün yanına çağırdı.

"Beylerbeylerine, sancak beylerine, kadılara emrimi ulaştır," dedi ve içeri Sadrazam Mahmut Paşa girince biraz bekledi. Sadrazam ile Şehzade arasında bir anda sert bir rüzgâr esti. Fatih ne olup bittiğini anlayamamıştı. Birden kızdı.

"Şehzade devlet senden iş bekler. Beni dinlemiyor gibisin!"

Kendini toparlamaya çalışan Şehzade ise sırtını doğrultup babasına baktı.

"Sizi dinliyorum. Bundan emin olabilirsiniz."

"Savaşta lazım olacak yiyecek ve yem, taşıyıcı araçlarla birlikte ordunun savaş alanına giderken yürüyeceği yollar üzerinde olmalı. İhtiyaç malzemeleri dağıtım noktalarında toplanacak," diye emir buyurdu.

Şehzade yere doğru eğilip babasının yanından usulca ayrıldı. Fatih ise oğlunun duruşunu hiç beğenmiyordu. Biraz bekledikten sonra eğer düzelmezse kendisiyle özel olarak ilgilenmeyi düşündü.

Şehzade Mustafa salondan çıkarken Mahmut Paşa'ya çok sert bakmıştı. Sadrazam Mahmut Paşa'ya sordu.

"Şehzade Mustafa ile aranızda bir sorun mu var? Eğer varsa sebebini bana söyleyin," diye emir buyurdu.

"Yok Hümkar'ım," dedi Sadrazam, ama şehzadenin eşine asılmasını duymuştu ve içten içe ona kin besliyordu."

Fatih Sultan Mehmet daha fazla konunun üzerine gitmeyip Sadrazam'a emir verdi.

"Bahara doğru ordu toplanmaya başlayacak. Rumeli askerleri Bursa ovasında bekleyecek, yeniçeri askerleri de beylerbeyi, sancak beyleri komutasında parça parça önce Gelibolu'ya gelecek. Kuvvetler oradan Çanakkale'ye geçip, karargahdaki yerlerine ulaşacaklar. Tüm birlikler bir araya gelince baharda ben Fatih Sultan Mehmet başlarına gelip doğu istikametinde kuvvetleri ilerleteceğim. Ordu toplanmadan önce bütün kışı silah altında savaşa hazırlanarak geçirecek."

"Peki Hünkar'ım," dedi Sadrazam ve dışarı çıktı.

Kış aylarına yeni girilmişti ve Şehzade hâlâ sancağına dönmemişti. Sultan Mehmet oğlunu kenara çekip sebebini sordu. O da sudan bahaneler uydurup ayrıldı Sultan'ın yanından.

Sadrazamın eşi de Şehzade'nin aşkından etkilenmişti. Bir gün gizlice buluştular. Şehzade sevdiği kadına sordu.

"Beni görünce mutlu olmuyor musun?"

"Oluyorum; ama korkuyorum vezirden."

"Sensiz olmak beni öldürüyor. Artık sevgilim ol, dayanamıyorum sensizliğe."

"Yapamam, Sadrazam beni öldürür."

"Kıyamam sana! Karaları bağlayıp ağlama sen."

"Nasıl ağlamayayım?"

"Hayata karşı hep gül, seni böyle görmek beni kahrediyor."

"Ama elimden bir şey gelmez," dedi kadıncağız. "Lütfen buluşmayalım."

"Bir günüm seni düşünmeden geçmiyor. Nasıl dersin beni görmeye gelme diye! Ben seninle var olmuşken nasıl seni görmeden edeyim?"

"Sadrazam sizin buraya geldiğinizi duymuş. Lütfen dikkatli olun. Sizi öldürmeyi düşünüyormuş."

"Neden anlamıyorsun? Ben ölümden falan korkmuyorum. Yaşamadım saydım senden önceki günlerimi! Aşkımı yaşamayı özlüyorum. Bu yüzden her şeyi göze alıp aşkımı sırtladım sırtıma. Böylece sana karşı özlemim beni yok edemiyor. Ne gururum kaldı, ne onurum! Bu aşk benim için son oldu. Ne bir başkasıyla ne de sensiz yaşayamam."

Takvim yaprakları tek tek yere düşerken Genç Şehzade ve Sadrazam eşi aşklarını gizliden gizliye yaşadılar. Fatih Sultan Mehmet ise padişah olarak düşündüğü oğlunun halinden pek memnun olmadığı için savaşta sağ koluna Bayezıt'ı almayı düşündü.

1473 yılının Mart ayında Fatih savaş hazırlığına girişti. Uzun Hasan'ın casusları da İstanbul sokaklarındaydı. Osmanlı Padişahı Akkoyunlu Devleti'ne bir mektup göndererek yaz aylarında bir savaşın yapılacağını belirtti.

Bu suretle Uzun Hasan artık Osmanlılar'ın bir savaş istediğini resmi olarak öğrendi. Bu durum karşısında Uzun Hasan da esaslı bir hazırlığa girişti ve İran, Irak, Azerbaycan'daki bütün Türkmenler'e seferberlik ilân edildiğini bildirdi. O Osmanlı ile yapacağı bu savaşta bütün ümidini Türkmenlere bağlamıştı.

Bahar yeni yüzünü gösterdiği için ısı oldukça düşüktü. Fatih Sultan Mehmet, İstanbul'un fethi sırasında gücünü ispatlayan topların meydan savaşında da kullanılmasını istiyordu. Bu amaçla ilk kez hafif havan topları üretildi ve bunları, doğu seferine götürmeyi planladı.

Sultan mart ayının ortalarında ordu karargâhını kapıkulu yayaları ve süvarileriyle Üsküdar'dan yürüyüşe geçirdi.

İznik üzerinden Yenişehir'e vardı. Rumeli kuvvetleriyle

birleşti. Kuvvetler birleşince ordunun sayısı birden çok arttı. Geyve üzerinden Ankara Beypazarı'na ulaştı. Şehzade Mustafa'nın kuvvetleri de savaşa gitmek için hazırdı. Şehzade Bayezıt da kuzeyden gelecekti. Sadece Fatih Sultan Mehmet Şehzade Cem Sultan'ı sarayda bırakmıştı. Kendisi merkez teşkliatının başına gelene kadar görevi Şehzade Cem Sultan devam ettirecekti.

Fatih Sultan Mehmet kuvvetleri arkasına takarak Ankara üzerinden Kazova'ya geldi. Şehzade Bayezıt da askerleri ile orduyu bekliyordu.

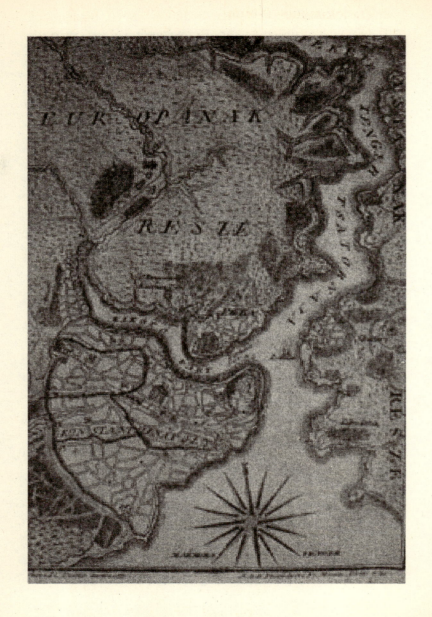

Ondokuzuncu Bölüm

Tetik olmak nefes aldığın anlarda ortama yabancı görünen gelişmelerden haberdar olmaktır

Kazova'da bir süre istirahat edildi. Hava koşulları pek müsait değildi. Geceyi geçirmek için çadırlar kuruldu. Akşama doğru ani yağmur bastırdı. Fatih Sultan Mehmet çadırında istirahat ediyordu. Her yer su içindeydi. Çadırın içi göle döneceğe benziyordu bu gidişle. Taban toprağı içeri su fazla girerse çamur olacağa benziyordu. Toprak suyu çekmiyordu. Tabanın çukur yerlerine doğru akan sular birikmeye başladı. Padişah beş dakika, yarım saat yağmurun dinmesini bekledi. Gök gürültüleri hızlanıyor, çadırın içi sık sık şimşeklerle aydınlanıyordu.

Çadırın kapısından yan çadırdaki Hasodaşı'na emir verdi.

"Tez buraya askerleri çağır. Çadırın içi su doluyor."

Bir koşu fıryayıp giden Hasodabaşı kısa sürede yeniçeri askerleri ile gelip çadırın önünü kazdılar ve böylece sular çadırın içinden dışa aktı.

Bir saat sonra poyrazdan lodosa doğru esintinin çeşidi değişti. Sular lodos yönünden aşağı tarlalara doğru akıyordu. Şimşek kesilince kasvetli bir karanlık bastırdı. Isı dağlık alanda çok düşmüştü. Sabaha karşı azdıkça azan bir rüzgâr çıktı. Arkasından şimşekler, gökgürültüleri ile kuvvetli yağmur boşandı; ama bu sefer çadırın içi göl olmadı.

Öğleye doğru hava açınca yola çıktı ordu. Sivas'a doğru yürüyüşe geçilmişti. Sınıra varıldığı halde düşman tarafında bir kıpırdanma yoktu.

Akkoyunlu Hükümdarı Uzun Hasan ise savaş alanını öyle bir arazide seçmek istiyordu ki savaştan zaferle çıkabilsindi, tek planı buydu. Savaş alanı yolsuz, sarp dağlar arasında derin vadiler içinden geçmeliydi ki ona göre mağlup olan yok olmaya mahkûm olsundu.

Düşmanın nerede karargah kurduğunu öğrenmek için Fatih öncü askerleri keşfe çıkardı. Bu arada savaş hazırlıklarını da tek tek komutanlara açıkladı.

"Osmanlı akıncıları sınırları geçip düşmanın sığınacağı yerleri yıkacak, yakacaktır. Anlaşıldı mı?"

"Evet Sultan'ım," dedi komutanlar.

"Bölgedeki halkın morali bozulacak ve Uzun Hasan'ın ordusuna yardım etmeleri önlenecek. Ayrıca bizim karargah etrafında sıkı güvenlik önlemleri alınacak. Düşmana rastlandığınız yerde doğruca taarruza girişilecektir."

Fatih Sultan Mehmet konuşurken huzuruna keşifçiler geldi. Onlara neler olup bittiğini sordu.

"Tez buyurun düşman ne durumda?"

"Sarp yolu olan Otlukbeli'nde savaşa hazırlanmışlar. Bizim saldırımız başladığı an ordumuzu pusuya düşürmek üzere tertipler alınmışlar."

Fatih Sultan Mehmet hiddetlendi.

"Bakalım kim kimi pusuya düşürecek?" dedi, sonra devam etti konuşmasına. "Otlukbeli Meydan Savaşı, demek ki Anadolu'da Erzincan'ın Tercan Ovası'nda olacak ve tüm dünya Otlukbeli denilen yerde, Osmanlı Padişahı olan ben Fatih Sultan Mehmet'in ordusunun meydan muharebesinden galip çıktığını görecek."

Yirminci Bölüm

Geçen zaman bir daha geri gelmez. Her zaman yarın yaparım demek üzüntü ve pişmanlığa yol açar

Fatih Sultan Mehmet ön inceleme için atıyla dolaşınca Uzun Hasan'ın niyetinin gerçekten dağlarda baskın yapmak olduğunu kendi gözleriyle gördü. İki ordunun karşılaşacağı arazi, akarsu tarafından yarılmış bir vadiydi ve savaşa hiç müsait değildi. Kayalıklar ve engebe yüzünden atların kullanımı çok zor olacaktı.

Yanında Hasodabaşı ve Hekimbaşı vardı. Epeyi dolaştılar. Otlukbeli Gölü görünüyordu. Dinlenmek için oraya vardılar.

Dağlık bir yapıya sahip olan Otlukbeli'nde ova olarak nitelendirilebilecek bir alan yoktu. Karakulak Vadisi kuzeybatı güneydoğu istikametindeydi. Vadinin tabanındaki sulanabilen tarım arazilerini süzdü. Sonra göl kenarına indi. Göle maden suyu karışmaktaydı.

"Kükürtlü su yüzünden gölde balık yok. Su yılanı, kurbağa ve kaplumağa var," dedi Hekimbaşı.

"Ben de gölden askerler balık avlar diye düşünüyordum."

Yanındaki Hasodabaşı'na emir buyurdu.

"Bugün askerlere yiyecek olarak kuru erzak dağıtılsın.

Sonra Fatih Sultan Mehmet göl kıyısında yürüdü. Hekimbaşı da onu takip etti.

"Göl tam bir doğa harikası," dedi Sultan. "Yanındaki travertenler ise tam anlamıyla doğal anıt niteliğinde."

"Sultan'ım bakın yüzeye çıkan maden suları Otlukbeli Gölü'nün oluşumunu sağlayan sette birikiyor."

"Harika bir manzara!"

"Madensuyu çeşitli hastalıklara iyi gelir, ayrıca göle girenler romatizmal hastalıklar, kırık çıkıklar ve kadın hastalıklarından kurtulurlar," dedi Hekimbaşı.

"Savaş bittikten sonra bu suyu değerlendirip hastalıklara şifa dağıtan bir hamam inşa ettireyim."

Fatih Sultan Mehmet setin üzerine gidip çatlaktan çıkan kırmızı eriyik içerikli maden suyundan ellerini avuçlayarak içti.

Hekimbaşı da konuşmasına devam etti.

"Bu bölge suları ile ünlü, ilerdeki Fırat da buranın en uzun ırmağı! Dereler, çaylar bahar mevsiminde mutlaka sel olup taşıyor olmalı; kar suları, yağmur suları kabarınca etrafta zaman zaman taşkınlıklar oluyordur Hünkar'ım."

"Doğru söylersin Hekimbaşı."

Savaş iki gün sonra başladı. Başkomutan, Osmanlı Devleti Padişahı Fatih Sultan Mehmet Han'dı, sağ yanında Sadrazam Mahmut Paşa ve Amasya Sancakbeyi Şehzade Bayezıt vardı. Arkalarından Gedik Ahmet Paşa ve Lalası İbrahim Paşa kuvvetleriyle onları takip etti. Sol yan kuvvetleri ise Karaman Sancakbeyi Şehzade Mustafa ve Anadolu Beylerbeyi Davut Paşa'nın kuvvetleriydi.

Davut Paşa, düşman öncü kuvvetleri tepelerden aşağı inmeden derenin ön sırtlarını ele geçirdi. Fakat düşman da üstün kuvvetle sınıra geliyordu. Osmanlı öncü kuvvetleriyle çatışma çıktı. Akkoyunlu öncüleri yenildi ve çekildi. Bu yenilgiden faydalanan Osmanlı ordusu fırsatı değerlendirdi ve dere içinde son hazırlıklarını yaptı. Şehzade Mustafa'nın kuvvetleri Davut Paşa'nın açtığı güzergahtan dereyi geçerek Uzun Hasan'ın oğlu Zeynel Mirza'nın düşman kuvvetlerine doğru ilerledi. Osmanlı'nın ilerlemesini istemeyen düşman, ok menzilinden okları kullanmaya başladı; ancak Osmanlı kuvvetleri şiddetli taarruza geçti. Öldüresiye bir boğuşma yaşanıyordu. Davut Paşa, Şehzade Mustafa'nın komuta ettiği kuvvetlere çok yardımcı oluyordu. Şehzade Mustafa kuvvetleri de paşadan aldıkları yardımla vakit kazandılar ve bütün topları düşman üzerine çevirip ateş yağdırdılar.

Sadrazam Mahmut Paşa'nın kuvvetleri de topları ateşledi. Yeterince topları bulunmayan Akkoyunlular büyük kayıplar verdi. Uzun Hasan kuvvetleri giderek azalırken Osmanlı'nın bir anda saldırısı misli misli fazlalaştı. Okları fırlatmaya zaman bulamayan Akkoyunlular geri çekiliyordu. Meydan savaşında ordunun görüşünü engelleyen pek çok sebep mevcut olduğu için düşmanın kaçışı net fark edilemiyordu. Etrafı iyi göremeyen Osmanlı ordusu düşmanın bu kadar çok kısa zamanda yok olabileceğini düşünmemişti. Ordunun görüşünü engelleyen güneş, toz hatta ortaya yayılan toz bulutu askerlerin gözleri kör etmişti, hiçbir şey göremiyorlardı.

Kendilerinden beklenmeyen bir cesaretle karşı koyan Türkmenler ölürken Osmanlı süvarileri çok içerilere kadar sokuldu.

Akşam olunca Fatih Sultan Mehmet karargahtakilere şöyle dedi.

"En iyi çare her zaman hızlı dövüşmektir, ilk saldırıda ölen olursa ardından iyi savunma olursa asker kaybı daha aza inecektir. Genel çapta bir zarara uğramak her komutanın korkusudur. Akkoyunlu kuvvetleri savaş bitene kadar ara ara karşımıza çıkacaktır. Dikkatli olmalıyız. Komutanlar eğer sıradan çıkanlar olursa ve herhangi bir korku belirtisi gösterenler orduda var ise mutlaka en ağır cezaları verin."

Savaş alanında olaylar böyle gelişirken Uzun Hasan'ın casusları ortalığı karıştırmak istedi. Halkın manevi gücünü kırmak isteyen İstanbul'daki casuslar Osmanlı ordusunun darmadağın olduğu söylentilerini yaydılar. Şehzade Cem'in etrafındakiler de bu dedikodulara alet olup hemen onu tahta oturttu. Cem Sultan da yeniçerilere sadakat yemini ettirerek padişahlığını ilan etti.

İki gün sonra pes etmeyen Uzun Hasan yeni bir saldırıya teşebbüs etti; ancak Osmanlı havan topları, engebeli arazide başarılı atışlar yapıyordu ve bu yeni silah karşısında şaşıran Akkoyunlular iyice dağolarak perişan oldu.

Uzun Hasan'ın kuvvetlerinin çoğu hiçbir şekilde Osmanlı'nın saldırılarına dayanamadıkları için artık tamamen geri çekiliyorlardı. Bir sipahi Uzun Hasan'ın oğlu Zeynel Mirza ile karşı karşıya gelerek kılıçla saldırdı ve bir kılıç darbesi ile komutanı atından düşürüp başını gövdesinden ayırdı. Komutanlarının kesik başını gören Akkoyunlular'ın ise morali bozulup çok kötü bir ruh hali içine girdiler.

Uzun Hasan artık savaşın aleyhine döndüğünü görerek son kararını vererek acele, ordusuna çekilme emri verdi. Sonra da kaçarak canını zor kurtardı. Akkoyunlu Ordusu'nun bütün ganimetleri ve hükümdarın bütün hazinesi tamamen Osmanlılar'ın eline geçti.

Ertesi gün 11 Ağustos'tu ve savaş meydanında Fatih Sultan Mehmet divanı toplayarak sonucu değerlendirip Osmanlı Devleti'nin siyasî durumunun iyi olmadığını ve bu sebeple artık bir an evvel anavatana dönmek gerektiğini söyledi.

"Türk kardeşlerimizin yaşadığı yerleri yakıp yıkmak ve yağma etmek doğru bir davranış değildir.

Meydan savaşında düşmanın silahlarını ele geçirdik.

Çiğnemeye kalkacağımız alanlar dil, din kardeşlerimizin bölgesidir. Burayı ele geçirmekle zaten büyük kazançlar elde ettik," dedi Sultan. "Mevsim de geçmekte, kış yaklaşmaktadır."

Toplantı sonrası düşmanın takibinden vazgeçilerek Osmanlı Ordusu, Otlukbeli Meydan Savaşı'ndan muzaffer bir şekilde anavatana döndü.

Fatih ise İstanbul'a geldiğinde oğlunun padişahlık ilan ettiğini öğrendi; ama oğluna kızmadı. Sadece onu oyuna getirenleri affetmeyip idam ettirdi.

Kazanılan Otlukbeli zaferiyle Fatih Sultan Mehmet'ten düşman devletler iyice korkmaya başladı. Avrupa devletleri de kendisinden çok çekiniyordu. Savaş sonunda Doğu Anadolu egemenliği Osmanlı'nın eline geçti. Akkoyunlu Devleti de artık dağılma sürecine girdi.

Ertesi yıl Fatih Sultan Mehmet Karamanoğulları Beyliğini de tamamen ortadan kaldırmayı kafasına koydu. Askerin biraz dinlenmesine izin vermek için şu an yeni bir sefer düşünmüyordu.

Şehzade Mustafa ise sancaktaki görevine henüz dönmemişti ve yasak aşk dedikoduları Sadrazam'ı rahatsız etmişti. Dedikoduyu Fatih Sultan Mehmet de duyduğu için oğlunu çağırıp meseleyi öğrenmek istedi; ama Şehzade bir açıklama yapmadı. Padişah da dedikoducuları zindana atırdıktan sonra oğluna derhal görevinin başına geçmesini emir buyurdu.

Şehzade Mustafa akıllı bir devlet adamı, çok iyi bir asker ve gayet yakışıklıydı; ancak kara sevdanın içine düşünce ne yapacağını bir türlü kestiremiyordu.

Aşk tutsağı olan Şehzade Mustafa en sonunda çaresizlik içinde görevine döndükten sonra Karaman seferine çıktı. Çok kıskanç gururlu koca ise karısını baştan çıkaran Şehzade'yi öldürmeyi kafasına koymuştu.

Sefer sırasında aşcıya para verip Şehzade'nin yemeğine Mahmut Paşa zehir kattırdı. Hiçbir şeyden haberi olmayan Şehzade karnını doyurdu; ancak kendini iyi hissetmeyince Niğde yakınlarındaki hamama gitti. Kısa süre içinde orada daha bir fena oldu. Yanındaki hekim belirtilerin zehirlenme olduğunu söyleyip tedavi için Şehzade'ye müdahale etti. Şehzade ise hemen babasına Mahmut Paşa tarafından zehirlendiğini haber etti.

Genç Şehzade'nin ölümü Fatih'i çok üzdü. Baş sağlığına gelenler arasında Mahmut Paşa vardı.

"Paşa aramızda bir sorun mu oldu?" dedi ona kızarak.

"Hayır Hünkar'ım. Devlet için çalışmaya devam ediyorum."

Fatih çok üzüntülü idi.

"Mustafa'nın katilini affedemem. Tez bu adamı zindana atın."

İki ay zindanda kalan Paşa bir gün Sultan'ın huzuruna çıkmak istedi. Fatih Sultan onu istemeye istemeye huzuruna çıkarttırdı. Paşa ise yere kapanıp yalvardı.

"Günahım varsa beni öldürün."

Fatih Sultan Mehmet affedemezdi, biricik oğlunu acımadan o öldürmüştü ve onu Yedikule zindanlarında 18 Temmuz günü idam ettirdi.

Şehzade Mustafa'nın ölümüyle boşalan yere Şehzade Cem Sultan'ı atadı Fatih. Cem babası gibi hırslı, ihtiraslı ve geniş bir dünya görüşüne sahipti. Bayezıt ise daha çekingen, silik ve sofu bir karakterdi; ama sanata çok düşkündü. Hatta hat sanatına meyili vardı. Şeyh Hamdullah'dan hat üzerine dersler alıyordu. Dil konusunda da çok kabiliyetli olan Şehzade Bayezıt birkaç dili ana dili gibi konuşuyordu.

Yirmibirinci Bölüm

Egosuna yenik düşen kişiler gizli düşman olup insanın yüzüne dalkavukluk yaparlar, hatta arkadan aleyhine konuşurlar

Günler hızla geçerken Fatih'in yerine Şehzade Cem Sultan'ı geçirmek istemesi bazı kimseleri rahatsız ediyordu. Çünkü iki senede bir sefere çıkmasından yorulan Ulema ve yeniçeriler ise Şehzade Bayezıt'ın ilerde padişah olmasını istiyorlardı.

Bir gün Fatih Sultan Mehmet oğlu Cem Sultan ile dertleşti.

"Canım yanıyor. Abinin ölümü yüreğime hançer gibi saplandı. Ölümünden sorumlu olan adam gencecik fidanımı soldurdu."

"Ben de onu çok özlüyorum."

Fatih, Şehzade'ye gülümsedi.

"Sizlerin eğitimi için çok iyi hocalar ülkeye getirttim. Şehzade Mustafa'nın aldırış etmeyen bir yapısı olduğunu biliyordum. Bu yüzden paşanın karısını baştan çıkarmaya çalışmış olmalı. Ama bu onun hatası değil. Bu gençlik işte! Şehzade de olsan gençliğin heyecanına kapılabiliyorsun. Onun öyle çok yapacak şeyi vardı ki hepsini yarım bırakıp gitti. Tetik değildi, tetik olmayı da hiç öğrenemedi."

Şehzade Cem Sultan kendine çok güveniyordu.

"Ben tetiğim," dedi.

"Tetik olmayı becerebildiğine gerçekten inanıyor musun?"

"Evet. Çok dikkatliyim ve kıvrak bir zekam var."

"Ben açıkgözlülük gerektiren ölüm kalım durumlarıyla savaşlarda pek çok kez burun buruna geldim. Tetikde olmak sadece dikkatli olmak demek değildir. Sen de bu yetenek çok fazla yok."

"Neden böyle dediniz Hünkar'ım?"

"Yaşamında uygun bir öncelik listen yok. Yön duygusu iyi gelişmediği için senin için ya her şey çok önemli ya da önemsiz."

Şehzade Cem Sultan babasının ne demek istediğini bir türlü anlayamıyordu.

"Tetik olmak nefes aldığın anlarda ortama yabancı görünen gelişmelerden haberdar olmaktır. Bu anlayacağın dikkatli olmak değildir. Günlük dünyanın dokusundan haberdar olmak için gözüne ilişen sıradışı olaylar sana bir şeyler anlatır. Bunları hiç kaçırmamak gerekir. Şehzade Mustafa evli bir kadına aşık oldu. Gözünün önünde hep sevdiği kadının kocası vardı ve tetikte olmayı bilmediği için bu durumu küçümsedi. Aslında ben de hatalıyım. Bu konu ile dedikoduları duyduğumda müdahale etmem gerekirdi. Karaman'a giderken hakkını helal et deyip bana veda etmişti. Ben ise ölümün onu nasıl sardığına dikkat etmedim. Halbuki tetikte olma yeteneğimle her zaman gurur duyardım. İçimdeki bir şeyler bunu biliyordu; ama konu oğlum olunca ölümü ona yakıştıramadım."

"Baba kendini suçlama."

"Sen de sakın bahanelerin ardına saklanma. Ayaklarını yere sağlam bas. Yaşadığın her anın sorumluluğunu üstlen. Bize yabancı olan anlarda dikkatsiz olup yitip gitmemelisin. Kendin ve sorunlarına karşı kaygı duyarak yaşarsan yabancı dokunun sana neler anlattığını fark edemezsin. Altıncı hissini kullanamazsan savaşta yenilirsin. Ben de oğlumun hesaplarını kapattığını ve bana sonsuza kadar veda ettiğini anlayamadım. Padişah olmama rağmen her şeyi ölçerek davranıyorum. Şehzade Mustafa ise bunu yapmadı. Dünya kadar zamanı olduğunu düşünerek ona göre hareket edip paşanın hain planına kurban gitti. Ben ise şimdiye kadar hiç vaktim yokmuş gibi çalıştım. Önümde yapmam için bekleyen projelere şu yaşıma kadar kendimi tümüyle verdim. Sen de sıkıntılarını çözemiyorsun. Çünkü sağduyudan yoksunsun. Duygularını bir türlü ifade etmiyorsun ve yapmak istediğinde ise zamanın kalmadığından yakınıyorsun. Seferelere çıktığında ordunun düzeninin hiç bozulmamasını sağlamalısın."

"Bana biraz savaş taktiği anlatırmısınız Hünkar'ım?"

"Ordunu, bir savaşa katıldığında üçe böl. Öncü kol, esas kuvvet ve arkadan gelecek olanlar diye ayır. Ben, askerlerim düşman askerleri tarafından geri püskürtüldüğünde derin nefes alıp düşünürdüm. Kargı taşıyan askerlerden kaçanlara ağır cezalar verdim. Savaşa top ile katılırsan her zaman topların diğer yöne döndürülmesi için geniş alana ihtiyacın olduğunu unutma. Dolayısıyla elli top bir ordunun çok kolay düzenini bozar."

Şehzade Cem Sultan babası ile görüştükten bir ay sonra sancağına döndü. Aradan epeyi zaman geçmişti. İstanbul'un boylamını, eskiden belirlenmiş olan 60 derecelik değeri düzeltip 59 derece bulan, enlemini de 41 derece 14 dakika olarak tespit eden Ali Kuşçu aniden rahatsızlanmıştı. Onun gibi değerli bir alimi kaybetmek istemeyen Fatih Sultan Mehmet bütün hekimleri onun iyileşmesi için seferber etti; ancak Ali Kuşçu, 15 Aralık 1474 İstanbul'da vefat etti ve Eyüp Sultan Türbesi civarına defnedildi.

Günler hızla geçerken Kırım halkının Cenevizlilere karşı Osmanlılar'dan yardım istemesi üzerine Fatih, Gedik Ahmet Paşa komutasındaki büyük bir donanmayı Kırım'a gönderdi. Venedik ve Cenevizlilerin elindeki şehirler ele geçirildi. Kırım'ın fethiyle Karadeniz bir Türk gölü haline geldi.

1455'ten itibaren Osmanlı hâkimiyetini tanıyan Boğdan Prensliği ise yeniden sorun yaratmaya başlamıştı. 1476'da Osmanlı kuvvetleri tekrar Boğdan'a girdi ve Boğdan ordusu büyük bir bozguna uğratılarak yeniden Osmanlı hâkimiyetini tanımış oldu.

Fatih Sultan Mehmet çok başarılı bir diplomattı. Tahta çıktığından beri Asya ve Avrupa'da bazen birkaç cephede birden fazla devletle savaş halinde bulunduğu günler olmuştu. Giriştiği savaşlarda düşman kuvvetlerini böler, siyasi görüşmelerde her zaman başarılı olurdu.

Topkapı Sarayı'nın inşaatına geldi. Marmara Denizi, İstanbul Boğazı ve Haliç'in arasında kalan tarihsel yarımada üzerinde yükselen bina çok muhteşem olacağa benziyordu.

Yirmiikinci Bölüm

Aç gözlülükle dünyaya sarılanlar gam, keder, üzüntüyü peşinden sürükler

Zaman su gibiydi. Arnavutluk'ta başlayan kargaşa sebebiyle Fatih 3. kez Arnavutluk seferini başlattı. Kısa zaman Arnavutlar'ın eline geçen Kroya ve İşkodra kuşatıldı. En sonunda 1479'da Arnavutluk bir Osmanlı vilayeti durumuna geldi.

Fatih, askeri başarılarla Osmanlı Devleti'ni büyük bir imparatorluğa dönüştürmüştü. Bilime, tarihe ve felsefeye özel ilgi göstermesi onu diğer padişahlardan ayırıyordu. Türkçe'den başka Arapça, Farsça, Latince ve Yunanca kitaplardan oluşan özel bir kütüphanesi vardı. "Avni" takma adıyla şiirler yazarak edebiyata olan alakasını da ortaya koyuyordu.

Osmanlı'nın Karadeniz'e hakim olması düşman devletlerini tedirgin ediyordu. Karedeniz'deki Ceneviz üstünlüğü sona erdiği için Kırım halkı ise çok huzurluydu ve İpekyolu'nun tüm denetimi Osmanlı Devleti'ne geçmişti. Fatih aynı üstünlüğü Ege de sağlama arzusundaydı. Ege adalarının bir kısmı Rodos Şövalyeleri'nin, bir kısmı Venedikliler'in, bir kısmı da Cenevizliler'in elinde idi. Ege Denizi'ndeki Gökçeada, Taşoz, Semadirek kısa sürede Osmanlı himayesine geçti.

1478 yılında Topkapı Sarayı bitti. Fatih Sultan Mehmet saraya taşınılmasını emir buyurdu. Kısa sürede Bayezıt'taki saraydan buraya gelinildi ve oraya yerleşen herkes memnundu. Sarayın kente olan sınırını Sûr-ı Sultâni ayırıyordu. Bizans surları ile de Marmara Denizi'ne komşu olunmuştu. Sarayın çeşitli kara ve deniz kapıları vardı. Değişik yerlere açılan kapıların haricinde sarayın asıl kapısı anıtsal bir büyüklüğe sahipti. Bab-ı Hûmayûn'a açılan kapı (saltanat kapısı) asimetrik planlı avluya açılıyordu. Devlet teşkilatı ile ilgili kurumlar avlunun etrafındaydı. Halk buraya belirli günlerde gelip sorunlu ilişkilerini çözüme ulaştırabiliyorlardı. Bu özellikler nedeniyle sarayın konumu merkez niteliğindeydi. Devlet erkanı da atları ile sadece bu avluya girebiliyordu. Atların ahırları Bab-ı Hûmayûn'u Bab-ûs Selama bağlayan üçyüz metrelik ağaçlı yolun yakınındaydı. Bu ağaçlı yolu Sultan, Culûs seferleri ve Cuma Selamlıkları'nda kullanıyordu. Elçi alayları, beşil alayları da bu yolu tercih ediyordu. Yolun sol tarafında odun ambarları, hamamlar, koğuşlar vardı.

Bir gün Fatih, Bab-ûs Selam'dan ikinci avluya geçti. Avlunun etrafında sayıca sıralanmış kubbe ve bacalarıyla saray mufakları vardı. Fatih Sultan Mehmet biraz civarı dolaşacaktı. Soldaki meyilli yoldan has ahırların bulunduğu taşlığa geçip atının getirilmesini emir buyurdu.

Gezi dönüşü Bab-ı kapıdan geçip atını Hasodabaşı'na verdi. Kendi de Haliç'e bakan meyilli arazi üzerinden Harem'e geçti.

Gülçiçek Sultan ile görüştü orada. Haseki Sultan oğlunun ilerde padişah olmasını arzuluyordu. Bu konudaki görüşlerini sormak için Fatih'e sordu.

"Şehzade Cem sizin gibi hırslı ve atik bir genç. Pek çok özelliğini sizden almış."

"Bayezıt'tan çok o bana benziyor. Bunun farkındayım," dedi Fatih. "Devletin yönetildiği hem de çeşitli törenlerin yapıldığı saray çok fonksiyonlu göreve sahip, ayrıca burası bizim evimiz. Benden sonra buraya devletin düzenini devam ettirecek bir padişah lazım. Şehzade Mustafa donanımlı bir gençti; ama aşık olup ne yapacağını bilemedi. Şehzade Cem ile Şehzade Bayezıt'ın onun gibi hata yapmasını istemem."

"Şehzade Mustafa'nın ölümüne ben de çok üzülüyorum," dedi Gülçiçek Hatun.

Fatih eşini izlerken kadının yüreğinde fırtınalar olduğunu fark etti.

"Sıkıntılı gibisin! Benim bilmediğim bir derdin mi var?"

"Bu aralar kendimi yorgun hissediyorum. Kendimi toparlayamayınca zihnim karışıyor."

"Zihnin mi karışıyor?"

"Evet, Hünkar'ım. Lütfen zemindeki halıya bakar mısınız?"

Sultan göz ucuyla zemini süzdü. Çeşitli geometrik, bitkisel motifleri barındıran renkli iri kufi yazılı kenar şeritleri olan halı göz dolduruyordu.

"Çok güzel bir halı," dedi Fatih.

"Güzel ama karışık motifleriyle benim zihnimi yansıtıyor. Böyle bir ruh halim olduğu için çok bunalıyorum."

"Hekimbaşı'nı çağırayım," dedi Fatih. Kapıya varıp dışarıda bekleyen Hasodabaşı'na emir buyurdu.

"Tez Hekimbaşı'nı çağır."

Hekimin hava değişimi önerisi ile iki gün sonra Edirne'ye gittiler. Buranın havası Gülçiçek Sultan'a iyi geldi.

Fatih Sultan Mehmet bir gün Cuma namazı için Üç Şerefeli Cami'ye gitti. İbadet sonrası camiden ayrılırken etrafı süzdü. Avlusunda yer alan çini levhalarda şeffaf sır altına uygulanmış beyazlığa, firuze ve eflatun da katılmıştı.

Küçük çiçekler, lehezonlar yapan kıvrık dallar ve yazılı kitabeler süslemelerin ana deseniydi. Muhteşem sanat eserlerini bir müddet izlemek Fatih'in içine huzur getirdi. Fatih Sultan Mehmet, her zaman kendini yenileyen bir padişahtı. Kendini daha iyi geliştirmek için henüz çözemediği sorunlarla uğraşırdı. Üstelik ülke genelinde sorun yaratan yerlere hemen müdahale etmekten erinmezdi; bilirdi ki problem çözüldüğünde kendisi ve devleti daha çok güçlenirdi.

Uzun yıllardır Venedikliler'le sorun yaşıyordu Osmanlı. En sonunda bu meseleyi kökünden halleden Fatih 1479'da bir antlaşma yaparak Venedik'le 16 yıllık savaşa sona verdi. Osmanlı Devleti'nin Venedik deniz ticaretine darbe vurması üzerine başlayan Venedik Osmanlı savaşlarının bitmesi ile Osmanlı Venedik'e kapitülasyonlar verdi. Bu sayede Fatih Sultan Mehmet Osmanlı'ya ticari kazanç elde ettirip haçlı birliğini önledi.

Venedik ayrıca Arnavutluk'taki kaleleri Osmanlılara bıraktı, karşılığında Mora'daki bazı iskelelerden yararlanma hakkı elde etti. Fatih Venedik'le anlaşmaya varınca, İtalya'nın öteki önemli kentlerine sefer yapmayı düşündü.

Bilim adamlarını ve edebiyatçıları destekleyen Fatih, onları devlette önemli noktalara getirmek istiyordu. En sonunda nesir ustası Sinan Paşa ile şair Ahmet Paşa'yı vezirliğe kadar yükseltti. İtalyan ressam Gentile Bellini'yi de İstanbul'a getirterek resimlerini yaptırdı.

Bir gün ülke gezisine çıktı Fatih Sultan Mehmet. Hoca Hayreddin'in dergahına uğrayarak onunla sohbet etti.

Sultan'ın yüzü sevinçli gibiydi, kavuğunu düzelttirek ona fikir danıştı. Hoca açıklama yaparken candan, yürekten, inanılmaz bir tadla, tutkuyla dinliyordu kendisini.

"Tahta Şehzade Cem'in çıkmasını isterim," dedi Fatih bir müddet sonra. "Çevik bir yapısı var ve yiğitliği ile nam saldı. Şehzade Bayezıt daha çekingen. Osmanlı Hanedanlığı'nda taht kavgaları yıllardır devam ediyor. Bu konu ile ilgili yasa çıkardım. Çocuklarımın da bu durumlara düşmesini istemiyorum. Çıkardığım yasa ile padişah aynı kandan geldiği kardeşini kıyamete kadar cezalandırıyor; ama devleti kim iyi idare edecekse o başa geçmeli. Bu yasayı çıkarmaya mecbur hissettim kendimi. Dedikodu fitne kazanları olmasa belki taht kavgaları tarihte bu kadar acı olmayacaktı."

"Güzel anlattın; ama seni biraz sinirli buldum."

"Aslında gayet keyifliyim."

"Biraz yüreğini dinle ve bana öyle cevabını ver."

Hocanın dediğini yapar yapmaz Fatih Sultan mehmet üzerinde gerginlik hissetti.

"Galiba haklısınız, biraz gerginim."

"Gerginliğin, sinirliliğin taht üzerinde az zamanın kaldığını düşünmenden kaynaklanıyor."

"Peki gerçekten az bir zamanım mı kaldı?" dedi Fatih çekinerek.

"Ben bu konuda bir şey söyleyemem. Sadece şuuraltın çok zamanının kalmadığını düşünüyor ve seni sık sık tedirgin edip sinirlenmene sebep oluyor."

"Ama bana şuurum çok şeyler yapacağımı söylüyor."

"Yapacaksın birkaç yıl içinde; ancak şuuraltın çok zamanının olmadığını da sana hissettiriyor. Sen de zamanının olmadığını hissettiğinde sabırsızlanıyorsun. Unutma dünya bizi patırtısız, gürültüsüz, sessiz, sedasız bırakmaz. Bizi kıvrandırır ve uzun kuyruğuyla bize çarpar. Padişah olsan bile dünyaya dur yapma diyemezsin."

Dergahtan ayrılırken Fatih Sultan Mehmet çok düşünceliydi. Hoca Hayreddin'in ne demek istediğini bir türlü zihninde toparlıyamıyordu. Bu konuyu daha fazla düşünmek istemeyen Fatih altı ay sonra sefer hazırlıklarına girişti. Çeşitli ülkelerde casusları vardı ve Avrupa devletlerinin Osmanlılarla ilgili görüşlerini sıkı sıkıya takip ediyordu Fatih. Bu sayede düşmanlarından günü güne haberi olduğu için tedbirlerini önceden alıyordu. Fatih Sultan Mehmet İtalya üzerine bir sefer düzenlemeye karar verdi. Bir donanma hazırlayarak Gedik Ahmet Paşa'yı Güney İtalya'ya gönderdi.

Yirmiüçüncü Bölüm

Dünya yaşamı tatlıdır ve insana sık sık hata yaptırır

Fatih Sultan Mehmet'in Osmanlı-Venedik Savaşı'nda Venedikliler'e yardım etmiş olan Epir Desoptu Leonardo ile hesaplaşması vardı. Önce bu despot tarafından yönetilen Zenta, Kefalonya ve Ayamavra (Santa Maria) adalarını fethetti.

Napoli, Venedik ve Milano arasındaki ticaret rekabetinten de faydalanan Fatih, Vezir Mesih Paşa'yı kuvvetli bir donanma ile Rodos Adası'na gönderdi. Adayı kesinkes almak istiyordu. Zaman kazanmak için oyalama taktiğine girerek Şehzade Cem'i Demetrios Soplionos adlı Rum ile adaya gönderdi. Şehzade küçük bir vergi karşılığında kendilerine zarar verilmeyeceğini söyledi.

St. jean ve şövalyelerinin elinde olan Rodos doksan gün kadar kuşatıldı; ancak Osmanlı ordusu başarılı olamayınca kuşatmayı kaldırıp İtalya'nın güneyindeki Otranto Limanı'nı ele geçirmek için hücum emri verdi.

Düşman ordusunda kalkan taşıyanların önde, kargı taşıyanların ise arkaya dizilmiş olduğu haberini aldı. Fatih Sultan Mehmet de kargı taşıyanları taburun önüne birazını da düşman askerlerine en çok zarar verebilecekleri bölgelere yerleştirdi. Kalkan ve kılıç kullananlar yandan kargıları olan düşmana saldıracaktı. Havan topları da yerlerini aldıktan sonra hücum başladı. Birkaç saat sonra sipahilerin darbelerden etkilenmesiyle Fatih Sultan Mehmet hemen öne atıldı. İyi silahlanan Sultan kargıların darbelerinden kendini çok iyi koruyordu. Bir süre göğüs göğse çarpışmalar devam etti. En sonunda Otranto Osmanlılar tarafından ele geçirildi.

Kent Avrupa için çok önemli bir konumdaydı ve Roma'ya giden yolda bir köprü görevi gördüğü için büyük yankı uyandırdı. Fırsatçılar ortalığı karıştırmak için Bosna Prensliği'ni alet ederek kaleleri kuşattı. Düzenlenen seferle Osmanlılar, Yayçe dışındaki bütün kale ve şehirleri yeniden ele geçirdiler. Bosna seferleri esnasında Hersek Kralı Stefan da ülkesinin bir kısım toprağının Osmanlılar'a doğrudan bağlanması şartıyla tahtında bırakıldı.

Fatih, Bosna'daki "Bogomil" mezhebindeki Bosnalılara çok iyi davranarak ferman çıkartıp ele geçirdiği topraklarda onu okuttu. Fatih şöyle diyordu.

"Ben, Sultan Fatih, bütün Dünya'ya ilân ediyorum ki, Bogomiller benim korumam altındadır. Ve emrediyorum ki bu insanlara veya kiliselerine kimse zarar vermeyecektir! Bogomiller benim topraklarımda barış ve huzur içinde yaşayacaklardır. Artık göçerliği bırakıp güven içinde manastırlarına geri dönebilirler. Devletimde hiç kimse izzetlerini kıramaz! Onlara hakaret eden, tehlikeye atan kimse olursa derhal cezalandırılacaklardır!"

Bogomiller kendilerine sağlanan din ve vicdan hürriyetinden etkilenerek zamanla Müslüman olmak istediler. Bu Müslüman Bosnalılara "Boşnak" adı verildi.

Osmanlılar'ın karada en güçlü komşusu ve rakibi Macarlar, denizde ise Venedik idi. Macarlar tek başlarına Osmanlılar'la baş edemeyeceklerini bildiğinden, doğrudan bir savaşı asla göze almamışlardı. Fatih de durum böyle olunca tabiî sınır olan Tuna'yı geçmeyi düşünmemişti hiç.

Fatih Sultan Mehmet ilme sanata çok kıymet veriyordu. Her zaman ileri hamleden hoşlanan bir kişiliği vardı. Hedefe ulaşmak için azim gerektiğini çok iyi biliyordu. Zorluklara karşı kesinlikle sabırlıydı. Askeri fetihleri gibi, bir alimler ve sanatkarlar ordusu kurmuştu. Devlet teşkilatının planında eğitim ve öğretimin önemini her şeyden üstün tutuyordu. İşini sevmenin başarının yolunu açtığını her zaman oğullarına nasihat ediyordu. Tanzim ettiği Maarif Sistemi Kanunu ile ulema sınıfının meydana getirdiği diyanet ve hukuk kurumlarını teşkilatlandırdı.

Yaptığı işi her şeyin önünde tutan bir yapısı vardı. Tahta doğru düzgün oturmazdı, hep devlet idaresini esas tuttu ve bunun ilimleştirilmesini sağladı.

Güney İtalya'nın tümünü fethetmek isteyen Fatih yeni sefere çıkmadan önce Napoli Krallığı'nın fethiyle Gedik Ahmet Paşa'yı görevlendirdi. Yüzotuz parça gemiden meydana gelen Osmanlı Donanması ile Avlonya'dan hareket ederek 11 Ağustos'da Pulya sahillerine çıktı.

Otranto bir üs olarak kullanılıyordu. Gedik Ahmet Paşa, buradan akınlar yaparak Güney İtalya sahillerini kuşattı; ancak Roma'da bulunan Papa'yı büyük bir endişe sardı. Papa derhal, Osmanlılar'a karşı bir haçlı seferi düzenlemek üzere harekete geçti.

Fatih ise Osmanlı Ordusu tarafından Güney İtalya'nın tamamen fethedileceğini düşündüğünden yeni sefer hazırlığına girişip üçyüz bin kişilik ordusunun başına geçerek kimsenin yönünü bilmediği bir sefere çıktı. Günlerden 27 Nisan ve cumaydı.

O hiçbir zaman seferi nereye düzenlediğini tam olarak söylemezdi. Zira Fatih Sultan Mehmet seferin güvenliği açısından bu bilgiyi çok gizli tutardı. Diğer seferleri de hep böyle olmuştu.

O iyi yapılan bir işin kişiyi saygın yaptığının bilincindeydi. Ordunun başındaydı ve kapıkulu askerleriyle Üsküdar'ı geçti; ancak rahatsızlandı. Başhekim Lari müdahale etti. Gut hastalığına yakalanmıştı. Tedavi bitmeden yola devam etti. Gebze yakınlarında hastalığı daha çok arttı. Lari kendisini tedavi edemediği için ona kızgındı. Eski özel hekimi Yakup Paşa'yı çağırdı. Bu adam ise bir yahudiydi ve Venedikliler Sultan'ın zehirlenmesi için ona yüklü bir miktar para vermişlerdi. Fatih, Yakup Paşa'nın kendisini zehirlediğini anladığında iş işten geçmişti. Birdenbire müthiş sancıları başladı. Ancak 3 Mayıs 1481'de Perşembe günü Gebze'deki ordugâhında 49 yaşındayken öldü. Vefatı bir müddet halktan ve askerden saklandı. Yakup Paşa ise yakalanarak öldürüldü. Gedik Ahmet Paşa'nın topladığı kuvvetlerle Roma'nın fethi içn hazırlık yapılırken Fatih'in ölüm haberi geldi. Bu olay ile Paşa seferi yarım bırakıp II.Bayezıt'ın onu Cem Sultan'a karşı çarpışmak üzere davet etmesi üzerine geri memlekete döndü.

Otranto Kalesi'nde bırakılan muhafızlar ise kısa bir süre sonra etrafını saran düşmana teslim olmak zorunda kaldı.

Fatih Sultan Mehmet tarihin en büyük şahsiyetlerin başında geliyordu. Onun gibi büyük bir devlet adamının şahsiyet ve karekterini bütünüyle anlatıp ortaya koymak çok zordur. Çünkü o, insanoğlunun ulaşabileceği en yüksek noktalara çıkmış ve kendinden önce veya sonra gelmis padişahlar arasında kıyaslanamayacak derecede büyük bir kimlik kazanmıştı.

Ölümünden sonra yerine oğlu Padişah Bayezıt tahta çıktı. Fatih Sultan Mehmet'in kabri Fatih Camii'ndeki türbesindendir.

Devrim ALTAY

Devrim ALTAY, Ankara'da dünyaya geldi. Demirlibahçe İlköğretim ve Ortaokulu'nda öğrenim gördü. Ankara Kurtuluş Lisesi'ni bitirdi. 1991 yılında Ortadoğu Teknik Üniversitesi Mimarlık Fakültesi Şehir Ve Bölge Planlama Bölümü'nden mezun oldu.

1992 yılından beri şehir plancısı olarak çalışan Devrim ALTAY, aynı zamanda şair, öykü yazarı ve romancıdır.

Eğitici, Öğretici Dizisi (8 öykü), Hayal Bahçesi (50 öykü), Kitap Kurdu'nun Öyküleri (20 öykü), Şevval Dizisi (40 öykü) yazdığı öykülerden bazılarıdır.

Sessizliğin Ötesi, Karanlığın Ardındaki Işık, Ve Güneş Doğdu, Bir Kuş Geçti Gökyüzünden Seni Beklerim, Nedenim Sen, Kayıp Gezegen yazdığı romanlarıdır.

İnsanlığa Işık Tutanlar adlı kitabında ağırlık olarak araştırma ve incelemeye önem vererek Albert Einstein, Thomas Alva Edison, Madam Curie, Alexander Graham Bell, Hypatia adlı ünlü bilim adamlarının hayat öykülerini romanlaştırdı.

Türk Büyükleri ile ilgili de çalışmalar yaptı. Bunlardan bazıları; Şems-i Tebrizi ve Mevlana Celaleddin-i Rumi, Yunus Emre, Nasrettin Hoca, Mimar Sinan, Hayme Ana, Halide Edip Adıvar, Mehmet Akif Ersoy, Sait Faik Abasıyanık ve Mustafa Kemal Atatürk'dür.

Devrim ALTAY evlidir, iki çocuğu vardır ve yaşamını Ankara'da sürdürmektedir.